Sieben ½ Inseln
Sieben ½ Verbrechen

Krimis von Hans-Erich Viet, Usch Luhn,
Kai Kurgan, Ocke Auckes, Bernd Flessner, Jutta Oltmanns,
Lübbert R. Haneborger und Silke Arends

Sieben ½ Inseln
Sieben ½ Verbrechen

Mit Kurzportraits der
Ostfriesischen Inseln

Edition *Ostfriesland Magazin* | Premium

Soviel steht fest: Dies sind Kriminalgeschichten, nicht mehr und nicht weniger. Nicht alle Personen und Handlungen sind frei erfunden. Die Kulissen ähneln der Realität. Und bleiben doch Kulissen.

Sieben ½ Inseln – Sieben ½ Verbrechen

Mit Kurzportraits der Ostfriesischen Inseln und Krimis von Hans-Erich Viet, Usch Luhn, Kai Kurgan, Ocke Auckes, Bernd Flessner, Jutta Oltmanns, Lübbert R. Haneborger und Silke Arends

Das Buch erscheint in der Edition Ostfriesland Magazin, herausgegeben von Silke Arends und Lübbert R. Haneborger

1. Auflage 2015
ISBN 978-3-944841-15-1

Bibliografische Information der Deutschen Nationalbibliothek: Die Deutsche Nationalbibliothek verzeichnet diese Publikation in der Deutschen Nationalbibliografie; detaillierte bibliografische Daten sind im Internet über http://dnb.dnb.de abrufbar.

Verlagsanschrift:
Stellmacherstraße 14, 26506 Norden
Internet: www.skn.info, E-Mail: verlag@skn.info

Lektorat: Inge Straatmann
Umschlaggestaltung / Layout: Wiebke Rocker
Konzept / Produktion: Silke Arends / Lübbert R. Haneborger
Kurzportraits: Silke Arends / Hildegard Schepker

Grundschrift: Caslon Regular

Druck und Gesamtherstellung:
SKN Druck und Verlag GmbH & Co. KG / Printed in Germany

Fotos: SKN-Bildarchiv, Martin Stromann; außer: Silke Arends (S. 186), Thomas Fröhling (S. 184), Bianca Ites-Buck (S. 185), Lars Klemmer (S. 185), Ilka Perk (S. 186) Privat (S. 184, S. 185), Andreas Riedel (S. 184)

Inhaltsverzeichnis

*„Was kümmert mich der Schiffbruch der Welt,
ich weiß von nichts als meiner seligen Insel."*
– Friedrich Hölderlin –

Mörderische Insel-Geschichten

Die Ostfriesischen Inseln haben eine favorable Lage. Sie sind schön, abgeschieden und bieten rundum Meerblick. Doch was dem einen die helle Freude, ist dem anderen ein Graus. Und was dem einen als Einöde erscheint, ist für den anderen ein Ort der Sehnsucht. Das Wort „Insel" erzeugt im Nu Emotionen, denn nicht selten ist man „reif" für dieselbige. Erholung erhoffen sich aber auch alle anderen Zeitgenossen, mit denen man sich das Stückchen Erde teilen muss. Schon mancher Streit ist entbrannt, weil es darum ging, den Lieblingsplatz am Wasser zu verteidigen oder den Strandkorb vom Vorjahr wieder zu besetzen. Hinzu kommt: Je mehr Leute „urlauben", desto größer ist die Wahrscheinlichkeit, dass nicht für jeden ein Logenplatz dabei ist. Dass das letzte Fischbrötchen just verkauft wurde und der Champagner nicht kalt genug ist. Auch hat im Urlaub ein jeder Zeit, seine Befindlichkeiten auszuleben, den Alltag mit dem Blick aus der Ferne zu sezieren und Eifersüchteleien auszukosten.

Man kann sich vorstellen, dass dann rasch zwischenmenschliche Unwetter dräuen und Liebes-Barometer endgültig fallen. Da die Fähren meist tideabhängig übers Wattenmeer fahren, kommt erschwerend hinzu, dass an ein spontanes Verschwinden, an eine Flucht nicht zu denken ist. Erscheinen uns insulare Verbrechen deshalb besonders perfide? Durchaus! Auch wenn sich die Ostfriesischen Inseln voneinander unterscheiden und diese Unterschiede gerne touristisch bemüht werden, am Ende sind die Ressentiments, die Motive, warum verbrecherisch zur Tat geschritten, gar gemordet wird, allenthalben dieselben. So wird aus Langeoog, der „Insel fürs Leben", ein

Eiland, auf dem viel Blut vergossen wird. Und deshalb geht auf Wangerooge, das mit dem Slogan „Erholung ist eine Insel" wirbt, in dieser Anthologie ein Dämon um.

Mit Aufkommen des Fremdenverkehrs wurde das klassische „Locked-Room"-Szenario auch auf Inseln verlegt. Man denke an Agatha Christies Roman „Rätsel um Arlena", der in der Verfilmung mit Diana Rigg und Peter Ustinov unter dem Titel „Das Böse unter der Sonne" (1982) unsterblich wurde. Aber auch P. D. James hat mit ihrer Erzählung um Combe Island (in: „Wo Licht und Schatten ist") ein Bild der „splendid isolation" gezeichnet. In Deutschland brachte Jürgen Roland mit der „Stahlnetz"-Folge „Strandkorb 421" (1964) und der Hansjörg-Martin-Romanverfilmung „Einer fehlt beim Kurkonzert" (1968) Norderney beziehungsweise das fiktive „Langeney" auf die heimische Mattscheibe. Und lange bevor das „Tatort"-Team um Kommissar Falke (Wotan Wilke Möhring) 2013 einen „Mord auf Langeoog" klärte, bekam selbst Memmert (als „Melloog") 1976 in der Martin-Verfilmung „Bei Westwind hört man keinen Schuss" durch Wolfgang Kieling prominenten Besuch.

„Siebeneinhalb Inseln, siebeneinhalb Verbrechen" – der Titel der Anthologie verrät, dass sich die Geschichten nicht allein auf Borkum, Juist, Norderney, Baltrum, Langeoog, Spiekeroog und Wangerooge abspielen. Memmert – bis auf einen Vogelwart unbewohnt – ist auch im Boot. Die Hochsände Lütje Hörn, Brauerplate und Kachelotplate und die Vogelschutzinseln Minsener Oog (gegenüber von Minsen) und Mellum (vor der Halbinsel Butjadingen) überlassen wir dem Spiel der Gezeiten. So wie es in der Vergangenheit den Eilanden Bant, Burchana und Buise erging, die dem Blanken Hans anheimfielen. Das Meer ist eben unwägbar und das Schicksal auch! Viel Freude bei der Lektüre!

Silke Arends und Lübbert R. Haneborger

Borkum

Kai Kurgan

Roelfs Rückkehr

Roelf ist zurück …
Und ein Raunen und Wispern zieht durch die Gassen der Insel …
Roelf ist zurück …
Sein Schiff kommt in der Dämmerung des Tages, im trüben Dunst. Und mit dem Nebel kriecht die Botschaft an Borkumer Land:
Roelf ist zurück …
Und voll Ehrfurcht und Stolz erzählen sie in den Schänken und Häusern. Von dem furchtlosen Walfänger, der weder Tod noch Teufel fürchtet – und der den Leviathan jagt bis ans Ende der Welt!
Roelf ist zurück …
Der Stolz von Borkum … Er kehrt heim auf sein Eiland, mit Tonnen von Tran und Taschen voll Geld. Und weit zurück lässt er die Hölle aus Eis, wo der Kampf mit dem Koloss lang wogte.
Roelf ist zurück.
Wie ein Lauffeuer eilt die Botschaft über das Land. Hoch oben im alten Turm schlägt dumpf der Klöppel, und er kündet sein Kommen in nah und fern. Und alles strömt herbei, da draußen am Anleger.
Roelf ist zurück!
Und als Roelf seinen Fuß auf Borkumer Boden setzt, da brandet ein Jubeln und Johlen auf. Hände schütteln, Schultern klopfen – welch warmer Empfang! Und immer wieder tönt der Ruf durch die Gassen:
Roelf ist zurück! Roelf ist zurück! Roelf ist zurück!
Doch sein Blick ist müde, sein Gang ist gebeugt, Spaten

und Speer hält er gesenkt. Gezeichnet hat ihn die lange Fahrt. Von Frühling bis Herbst hat er den Wal gejagt.

Immer voran, als erster Mann. Die Harpune geworfen, das Messer gewetzt. Das Untier zerschnitten, bis auf die Rippen.

Und dann wieder von vorn: „Wal voraus!", „Rein in die Boote!", „Ran in die Riemen!". Jagen, schlachten, jagen, schlachten. Immer wieder …

Nun aber hängen die Segel seines Schiffes schlaff im Wind. Und aus dem Bauch der „Jan Mayen" rollt man Fass auf Fass, gefüllt mit dem Speck der Wale. Ja, es war eine gute Saison. 17 Tiere hat er mit seinen Mannen erlegt und 830 Fässer Speck nach Hause geholt. Die Beute hätte reicher nicht sein können. Doch diesmal, das hat er sich auf der Heimfahrt geschworen, diesmal war es das letzte Mal. Denn das Jagen und Schlachten, das ist nicht mehr seins.

Schon lange ist es ihm, als ob sich da etwas tief in seinem Herzen rührt, wenn sie mit ihren Booten die grauen Giganten hetzen, die verzweifelt blasen und schaurig schreien, wenn der Speer sie trifft und die Lanze ins Fleisch taucht.

Ja, sie schreien. Sie schreien in Todesangst. Und diese Schreie verfolgen ihn bis in die Nacht.

Wie oft ist er aufgeschreckt, schweißgebadet aus schweren Träumen. Doch er hat es niemanden wissen lassen. Denn er fürchtet den Spott seiner Gefährten.

Und wenn sie den Wal nach erfolgreicher Jagd längsseits am Schiff festmachten, um den Speck zu ernten, dann stand er als Erster an Deck, um die Klinge zu schwingen. Aus Trotz und Wut darüber, dass diese Kreaturen ihm den Schlaf raubten und so kräftig an seinem Herzen rüttelten, dass es ihn erschütterte bis in die Grundfesten seiner Seele.

Roelf, der rastlose Speckschneider! Wie im Rausch flenste er die Wale. Stunde um Stunde, ohne Unterlass. Immer wieder grub sich die Klinge seines Spatens in das fette Fleisch.

In langen Bahnen schnitt und hackte er es aus dem massigen Leib. Bis auf die Knochen. Ein Hauen und Stechen im wahrsten Sinne. Er zerteilte die Zunge, er brach die Barten, er sägte die Fluke ab.

Und wenn sie den ausgeweideten Leib am Ende des Tages wieder dem Meer übergaben, reckte Roelf den Spaten triumphierend in die Luft. Bis zu den Knöcheln stand er im dampfenden Blut, sein Blick fiebrig und fern. Und die Mannschaft grölte und feierte.

Stumm schaute Roelf dann von der Reling zu, wie sich Vögel und Fische um den Kadaver scharten, der ganz allmählich in den Fluten versank. Er blieb bis zuletzt. Als ob er sichergehen wollte, dass der Wal auch wirklich verschwand.

Doch aus seinen Träumen verschwanden sie nie. So sehr er sie auch zerschnitt und zerstückelte. Sie kehrten immer wieder und suchten ihn heim. Die grauen Giganten – in seinen Träumen glitten sie vor ihm durchs Meer. Majestätisch, friedlich. Ihm wurde das Herz leicht, wenn er sie so sah. Und er spürte eine tiefe Ruhe in sich.

Doch dann, in nur einem Moment, färbte sich das Wasser rot. Und dann kamen sie wieder. Die Schreie. Die Schreie der Wale. Und sie rissen ihn aus seinen Träumen.

Das musste doch endlich ein Ende haben. Und Roelf schwor bei sich, bei Gott und beim Leben seiner heiß geliebten Frau, dass er dem blutigen Handwerk entsagen wollte.

Seine geliebte Sina … Ja, Roelf dachte oft an sie, wenn er auf großer Fahrt war. Und die Sehnsucht nach ihr brannte unentwegt. Tag für Tag. Woche für Woche. Monat für Monat auf diesem gottverdammten Schiff.

Und wenn er nicht von den schreienden Walen träumte, dann war es seine Sina, die ihn durch den Schlaf begleitete, die ihn die kalte Hölle und die Gefahren der Jagd für einige Momente vergessen ließ. Seine Frau gab ihm Kraft. Und

Roelf hatte Angst, im ewigen Eis zu bleiben – und sie nie wiederzusehen.

Seit einigen Jahren half ihm ein Ritual, die lange Zeit ohne Sina zu überstehen. Aus dem ersten Tran, den er aus dem Walspeck kochte, hatte er zwei Kerzen geschaffen. Lichter der Hoffnung, Lichter der Liebe. Eines für Sina, eines für sich. Und wenn er auf Walfahrt ging, dann zündeten beide ihre Kerzen an. An jedem Tag zu einer festen Stunde. Dann, so hatten sie sich geschworen, wollten sie aneinander denken und ihre Liebe übers Meer schicken. Sina war gerührt über diesen Brauch. Und für Roelf wurde die Zeit der Entbehrung damit erträglicher.

Doch nun braucht er die Kerze nicht mehr, denn er wird nie wieder rausfahren.

Roelf ist endlich angekommen. Auf Borkum und in seinem Leben. Roelf will nach Hause gehen. Seine Sina spüren. So viele Monate ist das schon her. Doch man lässt ihn nicht ziehen, den Helden von Borkum. Dicht umlagert wird er am Anleger.

„Erzähl von der Jagd!", ruft man ihm zu. „Erzähl von den Monstern der Meere!"

Roelf seufzt und lächelt verlegen. Er schüttelt zaghaft den Kopf. „Sina wartet doch", entschuldigt er sich – und ein Murren und Murmeln erhebt sich rings umher. Man will ihn doch feiern! Doch Roelf winkt ab und schiebt sich durch die Menge. Die Enttäuschung währt nicht lange, denn schon kommt der nächste Walfänger von Bord an Land. Wieder johlt und jubelt es am Platz vor dem Anleger. Und Roelf ist vergessen. Müde schlurft er davon, auf Speer und Spaten gestützt und den Seesack geschultert.

Als Roelf den Ort endlich erreicht, hat sich der Abend über die Gassen gesenkt. Ein Lärmen und Lachen dringt zu ihm herüber. Es kommt aus dem Schankhaus „Poseidon". Dort feiern sie, die Walfänger. Ihre Rückkehr und die reiche

Beute. Roelf hält kurz inne. Ob er nicht doch einkehren soll, um etwas Seemannsgarn mitzuspinnen? Nein, es ist genug. Ein für allemal. Sina wartet sicher schon.

Und als er weitergeht, erklingt aus der Schänke das Walfänger-Lied:

„Wollt Ihr mal ein Untier sehn,
dann müsst Ihr hin nach Grönland gehn.
Stürmann zielt auf den Walfisch los
und gibt ihm den Harpunenstoß.
Er haut ihm ab den dicken Kopf.
Das Speck wird in ein Fass gestopft!"

Müde schlurft Roelf die Gasse hinab. Nun ist es nicht mehr weit. Hell steht der Mond am Himmel und der Schatten des alten Leuchtturms senkt sich auf den Weg. Hier am Fuße des grauen Gemäuers ruhen sie, die alten Fahrensmänner. Walfänger so wie er. Die Umrisse ihrer Grabsteine mit den markanten Totenköpfen sind trotz der Dunkelheit gut zu erkennen. Nur einen Steinwurf weit steht Roelfs' Haus. Gezackte Schatten umgeben sein Heim. Auch das sind Grabsteine. Gleichwohl anderer Art. Die kräftigen Kieferladen der Wale bilden einen Zaun vor dem Haus. Trophäen der Jagd. Roelf hat sie mit eigenen Händen gesetzt. Jetzt geht ein Zittern durch seinen Leib, als er sie von Weitem erblickt. Er schwört sich: Schon morgen wird er sie eigenhändig rausreißen.

Stumm schaut Roelf auf sein Haus. Endlich daheim. Der Schlag der Turmuhr dröhnt von der Höhe. Acht Uhr. Roelf schmunzelt. Das ist die Stunde, zu der Sina ihre Kerze immer entzündet, am Fenster der Stube. Aber heute ist es dunkel hinter der Scheibe. Es ist doch wohl nichts geschehen? Irgendetwas schnürt Roelf den Hals zu. Aber nein, er beruhigt sich. Sicher weiß Sina schon, dass er zurückgekommen ist. Sicher hat sie die Rufe in der Gasse schon gehört und glaubt nun, dass er in der Schänke sitzt, um die Heimkehr zu feiern. Roelfs Herz ist voller Freude. Sie wird Augen machen, wenn sie ihn sieht.

Er schleicht zum Schuppen neben dem Haus, um sein Walfänger-Werkzeug abzulegen. Harpune und Spaten, hier werden sie ihre letzte Ruhe finden. Denn die Jagd ist zu Ende. Für immer. Frieden kehrt ein.

Er betritt die Hütte und entzündet eine Funzel. Wehmut beschleicht Roelf, als sein Blick umherwandert. Im Winter hat er so viele Stunden hier zugebracht. Seine Messer gewetzt, die Klinge der Harpune geschärft. Über dem Ofen in der Ecke der Hütte kochte oft der Trankessel mit dem Speck der Wale. Hier hat er seine Kerzen geschaffen. Die Liebeslichter, für Sina und sich.

Stimmen dringen gedämpft von draußen durch die Tür. Sina!

Schnell löscht Roelf die Funzel. Es soll doch eine Überraschung sein.

Mit klopfendem Herzen lugt er durch das kleine Fenster der Hütte. Ja, da ist sie. Seine geliebte Sina …

Doch sie ist nicht allein.

Vor ihr steht ein Mann – und er hält sie eng umschlungen.

Roelf stockt der Atem.

„Meine Geliebte, die Walfänger sind zurück. Sicher ist er bald schon hier. Jetzt heißt es wohl Abschied nehmen für einen weiteren Winter."

Diese Stimme … Roelf kennt sie gut. Klaas, der Inselvogt! Er ist fett und faul, gottlos und gierig – ein Schwein auf zwei Beinen! Ein Mann reich an Gulden, doch arm an Anstand und Sitte. Roelf zittert am ganzen Leib.

Nein! Das darf nicht sein!

Und dann hört er Sina, sein geliebtes Weib:

„Wie soll ich's ohne dich aushalten, Klaas? Wenn Roelf

neben mir liegt, fühlt er sich so kalt an wie der Wal, den er jagt. Wäre er doch im Nordmeer geblieben!"

Roelf vernimmt gieriges Schmatzen und Stöhnen. Und der fette Vogt spricht:

„Du musst ins Haus gehen. Sicher ist er bald zurück." Klaas legt eine Pause ein – und dann gelobt er feierlich: „Wir werden uns wiedersehen, Sina. Bald. Und ich will dich wärmen und dir Feuer geben. Ich will dir immer ein Licht in der Dunkelheit sein."

Sina seufzt. Noch einmal ist da dieses widerwärtige Schmatzen und Stöhnen. Dann hört Roelf sein Weib davoneilen und die Tür ins Schloss fallen.

Der Knall hallt in seinen Ohren. Es rauscht in seinem Kopf. Seine Adern pochen, sein Herz pumpt.

Und dann hört Roelf die Schreie. Die Schreie, die nicht verstummen wollen.

Er greift den Spaten und die Harpune. Es ist wieder Jagdzeit – und der Speer muss ins Blut tauchen …

Klaas steht vor der Hütte und hört ihn nicht kommen – und als Roelf ihm die Lanze durch den Hals schießt, ist es zu spät. Der Vogt sinkt auf die Knie, er röchelt und zuckt. Verzweifelt greift er nach der Spitze, die eine Handbreit tief unter seinem Kinn hervorsticht. Roelf zückt den Spaten.

Flensen, flensen, er will den fetten Vogt nun flensen!

Und die Klinge schneidet in den massigen Leib. Der Speck will geerntet werden!

*

Blutrot steigt die Sonne über dem Eiland auf.

„Roelf, du bist zurück! Roelf, du bist zurück!" – Sina fällt ihm um den Hals und küsst ihn wild.

Sanft, aber bestimmt löst er sich aus der Umarmung. Er lächelt schief und betritt sein Haus.

Verwirrt folgt ihm sein Weib und redet auf ihn ein: „Warum bist du so spät, Roelf? Bist du nicht gestern Abend schon heimgekehrt? Habt ihr gefeiert? Ich habe mir Sorgen gemacht!"

Roelf antwortet nicht. Schweigend setzt er sich an den Tisch in der Stube. Er ist müde. Die Nacht war lang. Er schaut aus dem Fenster ins Morgenlicht. Auf der Bank steht die Kerze, die er Sina einst schenkte. Sie ist abgebrannt und längst verloschen.

Roelf kramt in seinem Leinenbeutel und zieht etwas hervor. Es ist – eine neue Kerze. Er stellt sie auf den Tisch und entzündet den Docht. Die Flamme frisst sich runter und leckt bald gierig am Wachs der Kerze. Eine feine schwarze Rauchfahne steigt auf und ein seltsamer Geruch verteilt sich im Zimmer.

Sina verzieht angewidert das Gesicht. „Das stinkt ja erbärmlich! Sind das wieder Trankerzen?"

Roelf nickt stumm. Dann blickt er Sina an, lächelt kalt und spricht: „Ich will dich wärmen und dir Feuer geben. Ich will dir immer ein Licht in der Dunkelheit sein. Fürwahr, so sei es."

Borkum
Landkreis Leer

Die Borkumer behaupten, ihr Eiland ist der älteste namentlich bekannte Ort in Ostfriesland. Sie berufen sich dabei auf jene Insel, die 12 vor Christus vom römischen Heerführer Nero Claudius Drusus erobert wurde und als „Byrchanis" in die Geschichtsschreibung eingegangen ist. 50 nach Christus kam der Geschichtsschreiber Gaius Plinius Secundus Maior – genannt „Plinius der Ältere" – mit der Flotte des römischen Kaisers an die Nordseeküste und wusste hernach von einer Insel namens „Burchana" zu berichten, deren be-

Links: Die Borkumer Kleinbahn ist die einzige zweigleisige Schmal-spurbahn und älteste Inselbahn Deutschlands. Oben: Der Musikpavil-lon an Borkums Strandpromenade.

dauernswerte Bewohner auf Hügeln hockten und allein von wild wachsenden Bohnen und jenem lebten, was das Meer hergebe. So kam die Insel „Burchana" zu ihrer Bezeichnung „Bohneninsel" – und blieb nur mehr Geschichte, denn die Jahrtausende und die Fluten schufen schließlich jenes Ei-land, das sich um 1440 „Borchum Ooge" nannte und ab 1460 „Borckum". Das Wappen trägt die Inschrift „Mediis tranquil-lus in undis" – „Ruhig inmitten der Wogen", ein Credo, das einem alten Kirchensiegel Borkums entnommen ist. Im Wap-

*Der Alte
Leuchtturm mit
dem „Walfanger-
karkhoff" – dort
lässt sich so
mancher Grab-
stein entdecken,
der Borkumer
Geschichte
erzählt.*

Der Walkinnladenzaun am Haus des legendären Grönlandfahrers Meyer in der Wilhelm-Bakker-Straße.

pen finden sich ebenso der Alte Leuchtturm, anno 1576 errichtet und längst Wahrzeichen Borkums, und zwei Wale, die an die Blütezeit der Insel erinnern. An jene Ära, in der Borkum eine Vielzahl unerschrockener Seefahrer hervorbrachte, die sich als Walfänger in den nördlichsten Breiten verdingten. Ein Relikt jener Zeit ist der verwitterte Walkinnladenzaun in der Wilhelm-Bakker-Straße, der das einstige Haus des legendären Grönlandfahrers Roelof Gerritz Meyer (1710–1797) umgibt. Von ihm heißt es, dass er Borkums erfolgreichster Walfangkommandeur war: In 44 Seefahrer-Jahren hat er 270 Wale zur Strecke gebracht. Mancher kehrte von den Grönlandfahrten nicht zurück. So bekommen die Grabmale mit den Totenköpfen, die sich auf dem „Walfangerkarkhoff" auf der Kirchwarft am Alten Leuchtturm befinden, eine eigene Symbolkraft. Der Walfang und die Schifffahrt kamen im Verlauf des Englisch-Niederländischen Krieges von 1780 bis 1784 und späterhin während der von Napoleon verhängten Kontinentalsperre zum Erliegen. Hatte es anno 1781 noch 812 Borkumer gegeben, so hatte sich die Zahl der Einwohner 30 Jahre später um die Hälfte reduziert – vielen war ein Leben auf dem Festland demnach einträglicher erschienen.

Doch die Insulaner stellten sich einer neuen Herausforderung, und so wurde Borkum alsbald erstmals als Badeort proklamiert. Zunächst wenig erfolgreich, doch mit der Eisenbahnanbindung von Meppen nach Emden wurde der Zuspruch größer, und nachdem die Insel 1860 mit ihrem ersten Hotel und ab 1865 mit 500 „Fremdenbetten" werben konnte, nahm der touristische Fortschritt seinen Lauf. Er ermöglichte 1875 den Bau eines Warmbadehauses und bald darauf eine 400 Meter lange Seewasserleitung. In jene Zeit fällt auch die Errichtung des Neuen Leuchtturms, der Inselbahn und des Bahnhofs. Mit der Jahrhundertwende wurde das Badeleben auf Borkum recht mondän, was sich auch in der Architektur abzeichnete. Bis heute erinnern schmucke Villen und die weißen Fassaden an der Strandpromenade an jene Zeit.

Schöne wie weitreichende Ausblicke über die knapp 31 Quadratkilometer große Insel und die Nordsee bieten der Neue und der Alte Leuchtturm. Ersterer entstand im Jahre 1879 westlich des Ortes und hat 315 Stufen, letzterer ist das älteste Gebäude Borkums und diente einst als Navigationspunkt für passierende Schiffe. Heute können sich Heiratswillige in seinem Turmzimmer in 40 Metern Höhe trauen lassen. Maritime Hingucker sind auch die beiden „Kaaps", zwei backsteinerne Bauwerke, die einst als Seezeichen dienten. Auch sehenswert, weil es Einblicke in die erstaunlich bunte Unterwasserwelt bietet, ist das Nordseeaquarium in Nähe des Südstrandes. „Gezeitenland" heißt der großzügige Tummelplatz für jene Leute, die bei schlechtem Wetter mit

Der Neue Leuchtturm – im Jahre 1879 erbaut – hat 315 Stufen.

Blick auf die Brandung baden wollen oder sich mit heilsamen Anwendungen aus der Meeresapotheke verwöhnen lassen möchten.

Die Anreise nach Borkum über den Emder Hafen oder über Eemshaven (Niederlande) ist tideunabhängig und das Eiland ist mit etwa 5200 Einwohnern die größte der bewohnten Ostfriesischen Inseln. Somit kommt es nicht von ungefähr, dass die Kurverwaltung des staatlich anerkannten Nordseeheilbades im Jahr mehr als 2,2 Millionen Übernachtungen verbuchen kann. Auf der Insel angekommen, steht die Borkumer Kleinbahn bereit, die die Reisenden in bunten Waggons in das sieben Kilometer entfernte Zentrum bringt, wo sich der Bahnhof befindet – übrigens: Die Kleinbahn ist die einzige zweigleisige Schmalspurbahn und älteste Inselbahn Deutschlands.

Memmert

Bernd Flessner

Vermessen

Eine Möwe schrie.

Karlheinz Höwel öffnete mühsam und mit zerknautsch-
tem Gesicht seine Augen.

Die Möwe schrie noch immer.

Grauenhaft.

Dass Möwen so laut sein konnten.

Er drehte langsam seinen Kopf und suchte den Wecker.
Bestimmt hatte er verschlafen. Dabei hatte er doch versprochen, um neun im Institut zu sein. Aber wem hatte er das
versprochen? Und wann?

Höwel hob seinen Kopf, der über Nacht größer und schwerer geworden zu sein schien.

Au!

Seine rechte Hand fuhr über eine stattliche Beule auf seiner Stirn.

Oh, Mann!

Er musste aufstehen, musste unter die Dusche, musste ins
Institut. Seine Kollegen warteten auf ihn. Bertram, Susanne,
Professor van der Hooge.

Die Möwe hörte nicht auf. Sie hörte einfach nicht auf zu
schreien.

Höwel bündelte seine Kräfte und drehte sich zur Seite.
Grelles Licht schoss in seine Augen, deren Lider sofort re-
agierten. Erst nach einer entgegengesetzten Drehung öffnete er sie wieder, musste aber kurz auf die Schärfe warten.

Buchrücken. Ein kleines Regal mit Büchern. Eine Stehlampe. Ein grauer Sessel. Ein kleiner Tisch. Nichts davon
passte zu seiner Wohnung. Nach ein paar tiefen Atemzü-
gen und einem weiteren kurzen Rückzug hinter seine Au-

genlider richtete er sich auf. Das Bett, auf dem er lag, war auch nicht seines. Die Matratze war viel zu weich. Vor dem Fußende bot sich eine geöffnete Tür an. Und noch immer schrien die Möwen. Schrien sie wirklich? Oder brüllten sie? Röhrten sie? Blökten sie? Nein, sie schrien.

Grauenhaft.

Höwel schaffte es, sich auf die Bettkante zu setzen. Mit beiden Händen versuchte er, den Umfang seines Kopfes zu vermessen. Obwohl er ihm groß wie ein Heringsfass vorkam, ertasteten seine Hände nur den gewohnten, wenn auch schmerzgeladenen Schädel.

Eines stand fest, er war nicht in seiner Wohnung in Oldenburg. Aber wo war er dann?

Schon beim ersten Anlauf fand er das Gleichgewicht und stand auf den Beinen. Auch die ersten Schritte gelangen, die ihn zu dem Fenster führten, das dem grellen Sonnenlicht abgewandt war.

Möwen. Da flogen sie, die penetranten Schreihälse, die den pochenden Schmerz in seinem Kopf ermunterten. Unter den Vögeln erstreckten sich grüne Wellenberge und -täler, die am Horizont in graublaue übergingen. Er war an der See. Die Dünen sprachen für eine Insel, eine ostfriesische Insel.

Höwel taumelte zurück zum Bett und setzte sich. Was machte er auf einer Insel? Urlaub? Er konnte sich nicht erinnern. Sein Schädel wummerte wie ein alter Schiffsdiesel.

Wieder kam er auf die Beine, machte einen kleinen Ausfallschritt, fand aber schnell wieder das Gleichgewicht. Er wollte sich anziehen, stellte jedoch fest, dass er angezogen war. Die Tür wies ihm den Weg zu einer Treppe, deren Handlauf er mit größter Vorsicht und beidhändig nach unten folgte. Hinter der ersten Tür im Erdgeschoss erwartete ihn eine Küche. Teller, Tassen und ein paar Gläser stapelten sich in der Spüle. Auf der Arbeitsplatte standen zwei leere

Dosen Ravioli und eine Kaffeemaschine, die er umgehend einschaltete. Zielsicher fand er Filter und Kaffeepulver. Einer kleinen Küchenuhr entnahm er die Uhrzeit: Viertel nach elf. Die Möwen schrien noch immer.

Er wusste, wo die Tassen standen, wo Zucker und Milch warteten. Der Kaffee war heiß und flößte ihm wieder etwas Leben ein, auch wenn der Kopf weiterhin pochte. Er setzte sich, die Tasse in der Hand, auf einen der beiden Stühle. Sein Blick kroch durch den Raum.

Natürlich kannte er die Küche. Denn er war auf Memmert. Im Haus des Inselvogts. Sein riesiger Kopf gab Erinnerungsbruchstücke frei. Er war auf die kleine, unbewohnte Insel gekommen, um Messgeräte aufzubauen. Messgeräte, die er, Bertram, Susanne und Professor van der Hooge im Institut in Oldenburg entwickelt hatten. Zwei Wochen hatte ihnen dafür der Inselvogt das Haus überlassen, während er auf einer Vortragsreise war.

Höwel leerte die Tasse, stand auf und füllte sie erneut bis zum Rand. Irgendwo hatte er Medikamente gesehen. Bei der dritten Schranktür hatte er Erfolg. Eine fast volle Schachtel Aspirin. Er schluckte zwei der weißen Pillen und spülte sie mit dem Kaffee herunter. Gut für den Magen. Aber das war ihm egal. Er setzte sich wieder und schloss kurz die Augen. Noch ein plötzlicher Erinnerungsfetzen. Ein Blick zur Seite genügte, um den Übeltäter zu überführen. Auf dem Boden lag eine leere Wodkaflasche. Die hatte ihm den schweren Mondkopf eingebracht.

Nach einer halben Stunde zeigten die beiden Tabletten langsam Wirkung. Sein Schädel verlor an Umfang, das Pochen wurde erträglich, die Möwen beruhigten sich. Schließlich meldete sich sein Magen. Noch immer mit langsamen Bewegungen, fütterte er den Toaster und stellte ein Glas Marmelade auf den Tisch. Das Kauen war anstrengend, das verspätete Frühstück besänftigte aber seinen Bauch.

Die Messgeräte! Die Messreihe! Höwel sah auf die Uhr. Es war höchste Zeit, aber er konnte den Zeitplan noch einhalten. Den hatte er irgendwie im Kopf. Er sprang fast auf, ging ins Arbeitszimmer, wo auf dem Tisch eine Klemmmappe mit den Tabellen lag. Für eine Funkübertragung der Messwerte hatte der Etat nicht gereicht. Alle Werte mussten abgelesen werden.

Wenige Minuten später trat er vor die Tür des kleinen Hauses, auf dem ein Reetdach thronte. Der Wind kam aus westlicher Richtung und trieb einige Kumuluswolken über den blauen Himmel. Die Windstärke betrug nicht mehr als vier auf der Beaufortskala, die Julisonne sorgte für eine angenehme Wärme, seine Sonnenbrille für gute Deckung.

Höwel atmete tief durch und machte sich auf den Weg. Die erste Messstation war nur rund fünfzig Meter entfernt. Mit etwas Glück würde sein Ausrutscher schnell vergessen sein und niemand etwas davon erfahren. Er brauchte nur aufzuräumen und die leere Flasche verschwinden zu lassen. Sie musste vom Inselvogt stammen, denn er war sich halbwegs sicher, den Wodka nicht mit auf die Insel gebracht zu haben. Er mochte eigentlich gar keinen Wodka.

„Idiot!", schrie er den Möwen entgegen, die nun ihn ertragen mussten. „Idiot! Idiot! Idiot! Wie blöd bist du eigentlich? Eine ganze Flasche Wodka!"

Er überquerte einen Dünenrücken und erreichte die erste Messstation, die an einem einfachen Aluminiumstab befestigt war, den er höchstpersönlich in den Boden gerammt hatte.

„Idiot!", wiederholte er, während er die Werte ablas und in die Tabellen eintrug. Immerhin lag er innerhalb des Zeitfensters. Die Messergebnisse waren durch seinen Exzess nicht verfälscht worden. Alles war korrekt. Der Abend würde ohne Folgen für ihn bleiben.

Die nächste Station lag weiter westlich am Strand. Austernfischer und Säbelschnäbler ärgerten sich über sein Erscheinen.

Einige der Vögel schienen ihn sogar zu begleiten, als würden sie seinen Messergebnissen nicht trauen, als würden sie ihm nicht trauen. Er traute ihnen ebenfalls nicht. Ohnehin fielen sie nicht in sein Ressort, sondern in das des Inselvogts. Wahrscheinlich hatte er sich deshalb den Wodka mitgebracht. Das Geschrei der Vögel war auf Dauer unerträglich.

Höwel überwand eine der bewachsenen Dünen und sah die nächste Messstation. Auf halbem Weg, er hatte den Strand noch nicht erreicht, stach ihm etwas Rotes ins Auge. Es war zu groß, um es zu ignorieren. Als er die Form erkannte, beschleunigte er seine Schritte, sprang sogar über einen angeschwemmten Ast und ließ sich auch vom weichen Sand nicht aufhalten, der hier und da nachgab.

Er hatte sich nicht geirrt, es war ein Mensch. Ein Mann zwischen dreißig und fünfzig, bekleidet mit einer Jeans, Turnschuhen und einem roten Hemd. Der Kopf steckte halb im Sand, die Hose war fast bis zum Gürtel nass. Höwel bückte sich nicht, um nach möglichem Leben zu fahnden, denn im Kopf des Mannes klaffte eine beachtliche Wunde, die ihm diese Mühe ersparte. Er wunderte sich, den Anblick ertragen zu können. Vielleicht hatte die Betäubung des Wodkas noch Nachwirkungen.

Er umrundete den Mann und kam zu dem Schluss, dass ihn die letzte Flut angeschwemmt haben musste. An einen Sturm konnte er sich nicht erinnern. Ein tragischer Unfall musste den Mann über die Reling befördert haben, etwa ein übermütiger Baum eines Segelboots. Denn ein Fischer oder Seemann war das nicht. Seine linke Hand, die sich ihm bereitwillig öffnete, wies keinerlei Spuren harter Arbeit auf. Auch seine Kleidung sprach dagegen. Nein, wie es aussah, hatte er es mit einem Freizeitkapitän zu tun. Mit einer Landratte. Einem Gelegenheitsostfriesen, der sein Können überschätzt hatte. Das kam leider immer wieder vor. Erst vor einem Monat war in der Dove Harle, dem Seegatt zwischen Spiekeroog und Wangerooge, ein Segelboot gekentert. Nur einen der drei Insassen hatte ein Seenotrettungskreuzer retten können. Die anderen waren noch nicht wieder aufgetaucht. Der Mann im Sand aber konnte keiner von ihnen sein, denn er sah fast wie ein Lebender aus. Er konnte also noch nicht lange im Wasser gelegen haben.

„Mist, verfluchter!", schimpfte er. Nicht, weil der Mann tot war. Daran hätte er ja nichts mehr ändern können. Sondern weil er seinen Fund umgehend melden musste. Bevor die nächste Flut kam und den Toten womöglich wieder einkassierte. Natürlich konnte er ihn umbetten und hoch zur nächsten Düne ziehen. Aber dazu fehlten ihm an diesem Morgen, der bereits ein Nachmittag war, Mut und Kraft. Und eine Meldung bedeutete, dass er aufräumen und sich waschen musste. In dem Zustand, in dem er sich befand, konnte er niemandem die Hand reichen.

Höwel sah auf die Uhr. Noch hatte er Zeit. Zeit genug, um die Messwerte abzulesen, klar Schiff zu machen und zu telefonieren. Umgehend marschierte er los, ohne dem Toten einen Blick nachzuwerfen. Nur kurz dachte er an die Möwen. Aber die Leiche war noch jung und würde ihr Interesse noch nicht wecken.

Was für ein Tag! Susanne würde ihn mit ihren großen Augen ausfragen. Nach seinen Gefühlen beim Anblick der Leiche. Nach seinen Reaktionen, seinen Versuchen, den Angeschwemmten wiederzubeleben, dem Moment der Erkenntnis, dass jede Hilfe zu spät kam. Sie liebte das Drama, liebte amerikanische Fernsehserien wie Scrubs oder Grey's Anatomy. Alles würde er ihr erzählen. Alles bis auf die einsame Wodkanacht, deren Grund er nicht mehr rekonstruieren konnte.

Schnell las er die Werte ab und marschierte zur nächsten Messstation. Die vierte und letzte lag auf der anderen Seite der Insel. Höwel brauchte keine halbe Stunde, um seine Tabellen zu komplettieren. Innerhalb des Zeitlimits. Er hatte es tatsächlich noch geschafft. Als er das einzige Haus der Insel erreichte, zog er sein Handy aus der Tasche und wählte den Notruf. Er hatte sich bei seinem ersten Besuch gewundert, aber auf Memmert hatte man tatsächlich ein Netz. Mit wenigen Worten schilderte er seine Entdeckung und hatte damit seine Pflicht erfüllt. Er war erleichtert. Lediglich die Zeit, die ihm blieb, bis das Boot eintraf, gefiel ihm nicht.

Die Küche war schnell erledigt. Sein Schlafzimmer ging niemanden etwas an, und das zweite Gästezimmer hatte ohnehin niemand betreten. Flur und Büro waren auch keine große Sache. Anschließend stieg er noch unter die Dusche, die sein Wohlbefinden weiter steigerte. Das Pochen war fast verschwunden, er spürte es nur noch, wenn er sich daran erinnerte. Lediglich die Beule auf seiner Stirn gab nicht auf. Das würde wohl ein paar Tage dauern. Er hatte den Tisch in Verdacht, der sehr nah an seinem Bett stand. Die beiden blauen Flecken schrieb er auch dem Wodka zu.

„Idiot!"

Nachdem er frische Sachen angezogen hatte, fühlte er sich wie ein neuer Mensch. Die Nacht konnte er abhaken. Er sah auf die Uhr. Die Zeit hatte tatsächlich gereicht.

Höwel holte sich einen großen Feldstecher aus dem Büro, ging nach oben, indem er mit jedem Schritt zwei Treppenstufen nahm, und suchte das Wattenmeer ab. Da war es auch schon. Das Juister Seenotrettungsboot, die Woltera, die dank des ruhigen Wetters gut vorankam. Er setzte den Feldstecher ab. Trotz des schrecklichen Fundes fühlte er sich überraschend gut. Vielleicht, weil er nun eine Geschichte zu erzählen hatte, von einem kleinen Abenteuer berichten konnte. Über eine Wasserleiche stolperte man nicht alle Tage. Susanne würde an seinen Lippen kleben.

Noch einmal sah er durch den Feldstecher. Das Boot hatte bereits Kurs auf den Strand genommen. Memmert besaß keinen Hafen. Also fuhren die Retter ohne Umwege zur Leiche.

Höwel befragte schnell den Spiegel im Bad. Er sah nicht wirklich frisch aus. Die grauen Gebilde unter seinen Augen sprachen Bände. Auch die Beule war nicht zu übersehen. Egal, sein besseres Gesicht war den Seenotrettern ja nicht bekannt. Die Haare waren in Form, der Dreitagebart hatte die optimale Länge, sein Hemd war sauber. So konnte er den jungen Wissenschaftler geben, der Tag und Nacht selbstlos neuen Erkenntnissen auf der Spur war, um die Welt zu retten. Oder zumindest das Wattenmeer. Und sich nebenbei auch noch um Vermisste und Überbordgegangene kümmerte.

Er lächelte, schüttelte kurz den Kopf, fuhr mit der Hand durchs Haar. Was für ein Tag, dachte er, was für ein Tag.

Der Tote hatte sich keinen Zentimeter bewegt. Wie denn auch. Noch immer lag er auf dem Bauch, das Gesicht halb im Sand, die Hosenbeine nass. Höwel umrundete ihn in respektvollem Abstand. Für eingehende Untersuchungen hatte er ja das Boot geordert, das direkt auf ihn zuhielt. Einer der Männer an Bord hob die Hand. Er erwiderte den Gruß, während der Vormann die Geschwindigkeit drosselte und mit der Suche nach einer geeigneten Stelle begann.

Höwel senkte seinen Blick, der unvermittelt von dem roten Hemd des Toten angezogen wurde.

Das war sein Hemd.

Susanne hatte es für ihn in Oldenburg in einer Boutique gekauft. Damit er nicht immer nur weiße und schwarze Hemden trug. Ein rotes Hemd mit einem auffälligen Rautenmuster. Das bringt ein bisschen Farbe in dein Leben, hatte sie gesagt.

Es konnte gar nicht sein Hemd sein. Höwel kniff kurz seine Augen zusammen. Wie sollte der Tote auch in den Besitz seines Hemdes gelangt sein? Sein Hemd steckte in seiner Reisetasche im Haus des Inselvogts. Es war ja auch kein Einzelstück. Rote Hemden mit Rautenmuster konnte man in vielen Boutiquen und Läden kaufen.

Die Woltera versuchte es weiter nördlich.

Das rote Hemd. Das Susanne ihm geschenkt hatte. Bilder verdichteten sich, fügten sich aus Bruchstücken zusammen.

Etwa hundert Meter von ihm entfernt hatte der Vormann eine passende Stelle gefunden. Dank des geringen Tiefgangs konnte er fast auf den Strand fahren. Drei Männer gingen von Bord, zwei trugen orangerote Jacken, der dritte eine graue.

Rot aber war die Farbe des Hemdes. Höwel hatte es aus seiner Tasche gezogen und es jemandem gegeben, hatte es ausgeliehen. Er sah die Hände, die es entgegennahmen.

Die drei Männer näherten sich.

Er hatte die Flasche nicht alleine geleert. Jemand hatte mit ihm getrunken. Höwel starrte den Toten an. Das Pochen kehrte zurück, stemmte sich gegen die Bilder, wehrte sich gegen die Erinnerungsfetzen, die plötzlich zusammenfanden. Es war wegen Susanne gewesen.

„Moin!"

Die drei Männer trafen bei ihm ein.

„Moin", erwiderte er leise den Gruß. „Karlheinz Höwel. Uni Oldenburg. Marine Umweltwissenschaften. Wir führen hier Messungen durch."

„Rainer Schoon. Mein Kollege Manfred Oldewurtel. Und die Polizei habe ich auch gleich mitgebracht."

„Ritter, Kripo Aurich. Mich hat der Zufall hier angeschwemmt. Meine erste Begegnung mit einer Wasserleiche. Das kann ich mir doch nicht entgehen lassen."

Höwel hob den Arm und wies auf den Toten, obwohl der nicht zu übersehen und bereits von allen längst bemerkt worden war.

„Wann haben Sie ihn gefunden?"

„Etwa um eins, Viertel nach eins. Ich war hier, um das Messgerät dort drüben abzulesen. Das muss jeden Tag um die gleiche Zeit passieren."

„Dann ist er also irgendwann in der Nacht hier angeschwemmt worden. Sehen wir uns den armen Teufel an."

Höwel folgte den drei Männern wie betäubt, die den Toten zunächst aus der Distanz in Augenschein nahmen.

„Für einen, den die Flut hier abgeladen hat, liegt er sehr weit oben", bemerkte einer der Seenotretter. „Haben Sie ihn dorthin gezogen?"

Er schüttelte den Kopf.

„Das Hemd hat keine Wasserflecken. Es sieht erstaunlich sauber aus."

Der Polizist bückte sich, besah sich die tiefe Wunde am Kopf.

„Ich bin kein Forensiker, aber das sieht mir nicht nach einem Sturz aus."

Durch das Hemd waren sie auf Susanne gekommen. Sie hatten Wodka getrunken. Sie waren nach draußen gegangen. Ans Westufer, an den Strand. Sie hatten gelacht und geschrien. Um es den Möwen zu zeigen. Aber gestritten hatten sie sich wegen Susanne. Gestritten und geschlagen. Aus Spaß. Am Anfang jedenfalls. Dann hatte Bertram plötzlich den Knüppel in der Hand gehabt. Strandgut. Höwel berührte vorsichtig die Beule mit den Fingerspitzen. Aber er war auch nicht unbewaffnet gewesen.

„Sieht eher nach dem berühmten stumpfen Gegenstand aus", bemerkte der Polizist fast beiläufig.

Höwel drehte sich langsam zur Seite, sah zur Abbruchkante der nächsten Düne hinüber. Er wusste, was er dort vorfinden würde. Im Sand steckte kopfüber eine Wodkaflasche. Die zweite Wodkaflasche, die Bertram mitgebracht hatte. Höwel hatte sie mit an den Strand genommen.

„Drehen wir ihn um. Vielleicht hat er Papiere bei sich", sagte der Beamte. Die beiden Seenotretter halfen ihm.

„Das ist Bertram Wiedemeyer", erklärte Höwel kaum hörbar. „Mein Institutskollege. Er ist gestern auf die Insel gekommen. Es war wegen Susanne."

Memmert
Landkreis Aurich

Südwestlich von Juist und östlich von Borkum befindet sich in der Osterems der Memmert, eine gut fünf Quadratkilometer große Vogelschutzinsel. Woher sie ihren Namen hat, ist ungewiss: Vermutungen zufolge soll sie nach dem Eisheiligen Mamertus benannt worden sein; so hieß angeblich ein Schiff, das hier einst strandete. Auf alten Karten trägt sie auch den Namen „de Meem".

Otto Leege (1862–1951), gebürtig aus der Grafschaft Bentheim, war Lehrer auf der Insel Juist. Er sollte als „Vater

Links: Dem Spiel der Gezeiten ausgesetzt, verändert auch Memmert sein Erscheinungsbild stetig. Oben: In den Sommermonaten als brütende Gäste auf Memmert und Baltrum zu entdecken: Löffler.

des Memmert" in die ostfriesische Geschichte eingehen. Der Deutsche Verein zum Schutze der Vogelwelt ernannte den Memmert im Jahre 1907 zur Vogelschutzkolonie, Otto Leege wurde zum Bevollmächtigten. Zunächst lebte nur sporadisch ein Vogelwart auf der Insel, ab 1921 bezog Leeges Sohn Otto Leege junior dort ständig Quartier. Er blieb bis zu seinem Tod im Jahre 1946 dort, sein Werk führte im Anschluss seine Witwe Therese fort. Von 1956 bis 1973 war Schwiegersohn Gerhard Pundt Inselvogt und Vogelwart, abgelöst von Rei-

Die
Vogelschutz-
insel Memmert
ist etwa fünf
Quadratkilo-
meter groß. Das
Eiland befindet
sich südwestlich
von Juist.

ner Schopf, der die Insel als streitbarer Naturschützer gegen jede Art von Naturfrevel mit Nachdruck verteidigte. Im Jahre 2003 verließ Schopf aus Altersgründen den Memmert; sein Nachfolger ist Enno Janssen, Mitarbeiter des Niedersächsischen Landesbetriebes für Wasserwirtschaft, Küsten- und Naturschutz (NLWKN) in Norden. Seine Aufgaben sind die Brutvogelerfassung, die Verhinderung von Störungen des Brutbetriebes sowie das Einsammeln von Müll.

Versuche, den Memmert durch Dünen- und Inselschutzmaßnahmen zu stabilisieren, erwiesen sich als vergeblich. In den 1960er Jahren nagte die Nordsee besonders heftig an der Insel; in den 70er, 80er und 90er Jahren des vergangenen Jahrhunderts wurde die Dünenkette im Westen durch Strömungsverlagerungen vollständig zerstört. Das Haus, das der Familie Pundt bis 1970 zu Wohnzwecken diente, befand sich einst mitten auf der Insel. Seine von Pfeilern getragene Fundamentplatte steht heute 250 Meter von der Insel entfernt im Wattenmeer. Das Haus, in dem Enno Janssen heute lebt, errichtete man 1971 an einer sicheren Stelle: in den noch verbliebenen Norddünen.

Auf dem Memmert brütet eine Vielzahl an Vögeln – so auch Löffelenten, Kornweihen, Eiderenten und verschiedene Watvogelarten. Und: Die Vogelinsel bietet dem rar gewordenen Löffler einen Rückzugsort. Nach Ende der Brutsaison, also jährlich ab August, werden ausgehend von der Insel Juist für eine jeweils begrenzte Personenzahl Fahrten nach dem Memmert angeboten. Ein Nationalparkwart übernimmt dann dort jeweils die Führung durch einen Teil der Insel. Ansonsten ist das Betreten von Memmert nur mit einer Sondergenehmigung der Nationalparkverwaltung gestattet – sie hat ihren Sitz in Wilhelmshaven.

Juist

Ocke Auckes

Juister Bankraub

Die Kurpavillons an Deutschlands Küsten werden von Sängern und Musikern aufgrund ihrer Akustik beurteilt. Die Badegäste hingegen bewerten und beurteilen eher die zentrale Lage des Gebäudes und den kostenfreien Genuss der Musik – bei einer schönen Tasse Kaffee.

Manche Musikpavillons bestechen durch ihre Schönheit, andere durch künstlerische Moderne. Doch keiner von ihnen liegt so schlicht und einfach mittendrin im Inselgeschehen wie der auf Juist. Konzertmusik inmitten von wandelnden Gästen mit Eistüten in der Hand, in unmittelbarer Nähe eines Wasserbeckens, in dem zu jeder Tageszeit Kinder ihre Schiffchen schwimmen lassen. Das Hufgeklapper der Juister Pferde, die alles und jeden über die Insel transportieren und manchmal sogar dem Takt der Musik folgen, stört an diesem Ort niemanden.

Für diesen Einklang haben fünf Menschen keinen Sinn. Sie werden von anderen Problemen als musikalischen Tönen oder der Harmonie in wuselnder Atmosphäre geplagt. Sie meiden an diesem wunderschönen Sommertag den Kurplatz, hocken stattdessen in einer Hotelbar.

Die fünf bleiben dabei nicht unbeobachtet. Eine solch zusammengewürfelte Gruppe von Personen, die unterschiedlicher nicht sein können, fällt sofort ins Auge. Der Hotelmanager hält sich im Hintergrund der Lobby auf und beobachtet das Fünfergrüppchen aus sicherer Entfernung, obwohl er Gott weiß genug andere Arbeit hat. Diese Leute sind ihm nicht geheuer. Sein Instinkt und jahrelange Berufserfahrung sagen ihm deutlich: Mit denen stimmt was nicht. Wie recht er hat.

Sein Barkeeper Maik hat ein ähnlich ungutes Gefühl. Er verlässt sein sicheres Territorium hinter der Theke und fragt die Gäste nach ihren Wünschen. Direkt am Tisch taxiert er zuerst die kleinere der beiden Frauen.

„Was darf ich den Herrschaften bringen?"

Die junge Frau, Susanne, wie Maik später erfährt, ist kiebig. „Was zu trinken, das ist schließlich eine Bar." Sie hat einen gereizten Gesichtsausdruck. Man kann ihr die Unzufriedenheit mit ihrem Leben ansehen.

„Reiß dich zusammen", sagt der Mann ihr gegenüber. „Wir sind alle nervös."

Susanne schaut ihn herausfordernd an. Die beiden können sich nicht leiden und machen keinen Hehl daraus.

Die Haut des Mannes ist grob und ein wenig aufgedunsen, mit vielen roten Äderchen. Er trinkt zu viel, denkt Maik. Wie zur Bestätigung seiner Gedanken bestellt er ein großes Bier und einen doppelten Korn. Sicher wird er den Kurzen in einem Zug hinter die Binde kippen.

„Trink nicht so viel."

„Sie hat recht. Wir brauchen einen klaren Kopf", sagt der andere Mann. Hermann ist mit Abstand der Älteste am Tisch. Er wirkt wie einer, der seine gesamte berufliche Laufbahn bei der Bundeswehr absolviert hat. Als könne er mit Informationen über Waffen, Truppenbewegungen, Drill und Gehorsam gegenüber Vorgesetzten umgehen. Er ist ein kleiner Mann. Was ihm an Zentimetern fehlt, macht er durch Selbstbewusstsein und überlaute Stimme wett. Sein zackiges militärisches Gehabe schon beim Betreten der Bar ist lächerlich. Doch er ist nicht der Chef der Truppe. Der geübte Beobachter bekommt dies spätestens in dem Moment mit, als der dritte Mann am Tisch seinen Mund aufmacht.

„Für alle ein Glas Mineralwasser", bestimmt er. Oskar. Unverkennbar der Chef. Seine wachsamen Augen mustern Maik. Der bekommt den Eindruck, dass hinter diesen Augen ein messerscharfer Verstand arbeitet. Und ein gefährlicher dazu.

„Also, gehen wir noch einmal alles durch", sagt Oskar, der Anführer.

„Nicht schon wieder", mault Bärbel, eine Dicke, mit liebevollen, fröhlichen Augen, die bar aller Böswilligkeiten scheinen. Ihre von den dicken Brillengläsern vergrößerten Augen huschen hin und her, als erwarte sie von den anderen am Tisch Rückendeckung. Oskars Blick trifft sie. Jeder weitere Kommentar ihrerseits verstummt.

Friedrich, der Säufer, macht den Eindruck, als langweile er sich. „Bärbel hat recht. Mir hängt die ständige Wiederholung auch zum Halse raus."

„Rein in die Bank, knack den Tresor, schnapp dir die Kohle und nichts wie weg", sagt er lauter, als den anderen lieb ist.

„Reiß dich zusammen, Friedrich."

„Keine Namen", faucht Susanne. Dabei wirft sie dem Anführer, der den Fauxpas begangen hat, einen triumphierenden Blick zu. Der Name ist im Grunde genommen egal. Niemand hier am Tisch heißt so, wie er vorgibt.

„Also", bestimmt Oskar, „bis zur Bank gehen wir ganz normal."

„Dass mir keiner rennt!", äfft Susanne ihn nach.

„Einfach die Bahnhofstraße runter, am Kurplatz vorbei und wenige Schritte dahinter nach rechts abbiegen. Gegenüber vom Lebensmittelladen ist die Bank."

„Sparkasse wäre mir lieber."

Bärbel klopft ihm auf die Hand, als müsse sie ihn beruhigen.

„Lass den Quatsch."

„Was machen wir, wenn der Kurplatz voller Leute ist?", fragt Friedrich. „Das wären viel zu viele Zeugen."

„Um die Zeit spielt kein Orchester mehr."

Als wenn ich das nicht wüsste, denkt Friedrich und überlegt, was geschähe, wenn er nach erfolgreichem Banküberfall die Beute für sich allein sicherte. Ein schöner Gedanke. Dem übereifrigen Oskar so richtig eins auswischen, wäre nicht schlecht.

„Und nirgends hektisches Gerenne. Hoffen wir, dass niemandem auffällt, wie gleich fünf Leute auf einmal eine Bank betreten. Habt ihr eure Skimasken?"

Bärbel greift unter ihre ausladenden Pobacken und zerrt eine dunkle Strickmütze hervor. Sie legt sie auf den Tisch.

„Bist du verrückt?", fährt Oskar sie an und wirft einen Blick auf den Kellner, der hinter der Theke mit Gläsern hantiert.

Bärbel betrachtet Oskar durch ihre dicken Brillengläser. Die glotzenden Augen wirken grotesk. Sie grapscht nach der Mütze und setzt sich wieder darauf.

„Meine ist hier", sagt Hermann zackig und schlägt sich mit der flachen Hand auf die Brusttasche, deren Wölbung verspricht, dass dort seine Maske steckt.

„Meine dort." Susanne tippt auf ihren Hosenbund, der von einer weiten Bluse verdeckt wird.

Von weitem versichert sich Maik, dass auch wirklich die Skimasken vom Tisch verschwunden sind, ehe er das Mineralwasser serviert. Er muss cool bleiben, sich nichts anmerken lassen und so schnell es geht die Polizei alarmieren. Mit leicht zitternden Knien erreicht er den Tisch. Es gelingt ihm, ohne etwas zu verschütten, die Gläser vor jeden abzustellen und wieder hinter der Theke zu verschwinden. Warum um alles in der Welt ist jetzt keiner seiner Arbeitskollegen in der Nähe?

Er wirft, wie er hofft, unauffällige Blicke durch die Hotelbar bis hin zur Rezeption, kann aber nur den Hotelmanager sehen, der sich hinter einer Grünpflanze verbirgt. Versteckt der sich etwa? In Maik keimt ein Funken Hoffnung. Wenn sein Chef ebenfalls dem Gespräch der Bande gelauscht hat, wird er sicher gleich die Polizei alarmieren. Wunderbar, die

Last der Verantwortung ist von ihm genommen. Jetzt muss er nur noch außer Schussweite bleiben.

Als hätten die Gäste seine Ängste erraten, sagt Hermann: „Meine Wumme ist geladen und entsichert." Dabei klopft er auf sein überlanges Oberhemd. Es hat an der Seite eine viel zu große Beule. Barkeeper Maik wagt kaum darüber nachzudenken, was der Typ darunter verbirgt. Eine Pistole, einen Colt, ein kurzes Gewehr oder gar Handgranaten? Er hebt ein Glas vors Gesicht und poliert es. Durch die wedelnden Geschirrtuchecken hindurch kann er sehen, wie der Mann eine Pistole unter die Speisekarte schiebt.

„Hier, das ist deine Knarre", sagt er zu Susanne. Mit spitzen Fingern greift sie danach, schaut sich sichernd um und lässt das Ding in ihrer großen Handtasche verschwinden.

Die Tasche ist bestimmt für den Abtransport der Beute, denkt Maik.

„Ordentlich gereinigt und geölt?", fragt Hermann im Kasernenhofton.

„Geschossen wird nur im Notfall", erinnert Oskar, der Chef der Truppe, in eindringlichem Ton.

„Schwerer Raub ist eine Sache, Schusswaffengebrauch aber …"

„Gibt zehn Jahre mehr", fallen ihm gleich beide Frauen ins Wort. Sie kennen seine Abneigung gegen Waffen aller Art. Vollkommen fehl am Platze, denkt Bärbel. Im kriminellen Gewerbe muss man ab und an zur Waffe greifen.

„Lasst um Gottes willen die Dinger stecken. Ein letztes Mal, damit es auch alle richtig verstanden haben. Erst im Eingang der Bank ziehen wir uns die Masken über, stürmen den Schalterraum und halten die Mitarbeiter in Schach. Hermann, du kümmerst dich um die Kameras!"

„Soll ich sie ausschießen?", will Hermann Spaß machen.

„Blödmann. Hast du die Teleskopstange mit den Pappschildchen?"

„Klar. Während ich damit die Kameralinse verdecke, schnappt ihr euch den Filialleiter. Dann geht es ab in den Tresorraum. Richtig?"

„Richtig."

In diesem Moment bekommt Maik Blickkontakt zum Hotelmanager. Mit einem Kopfnicken, einem Augenzwinkern in Richtung der Gaunerbande, gepaart mit fest zusammengekniffenen Lippen, versucht Maik dessen Aufmerksamkeit auf das Ganoventeam zu lenken. Der Chef muss doch mitbekommen haben, dass hier was nicht stimmt. Warum hat er die Polizei noch nicht informiert? Verflixt, jetzt kommt er zu mir.

„Können Sie mir sagen, was los ist?"

„Nicht so laut. Da am Tisch sitzen Bankräuber. Nicht hinsehen!" Er stellt das Glas mitsamt Geschirrtuch auf die Theke und eilt davon. Lässt den Hotelmanager einfach stehen. Wenige Sekunden später ruft er aus sicherer Entfernung: „Chef, Telefonanruf. Können Sie bitte an die Rezeption kommen?"

„Hab ich mir gleich gedacht, dass mit denen etwas nicht stimmt." Der Hotelmanager greift zum Telefonhörer und wählt die Nummer der örtlichen Polizeistation. Aus dem Hörer erklingt die elektronische Stimme eines Anrufbeantworters. „Wegen einer Katastrophenübung sind unsere Büros zurzeit leider nicht besetzt. In Notfällen wählen Sie bitte die 112."

Er wählt die 112.

„Feuerwehrstation! Was kann ich für Sie tun?"

„Ich muss sofort die Polizei sprechen."

„Sie sind mit der Feuerwehr verbunden."

„Die Polizei sagt, ich soll Sie anrufen."

„Haben Sie einen Brand zu melden?"

„Nein."

„Und warum rufen Sie an?"

„Weil ich sofort einen Polizisten sprechen muss."

„Dann sollten Sie bei der Polizei anrufen."

„Da meldet sich keiner."

„Da kann ich Ihnen leider nicht helfen. Wenn es bei Ihnen nicht brennt, Ihr Dach weggeflogen ist oder der Keller abgesoffen ..."

Der Hotelmanager erhebt die Stimme. „Es ist wichtig."

„Tut mir leid. Es sind alle in einer großen Übung. Feuerwehr, Hilfsdienste, Sanitäter, Polizei – alles ist unterwegs."

„Aber das hier ist ein Notfall."

„Ich kann nur helfen, wenn es bei Ihnen ..."

„Ja", ruft der Hotelmanager ins Telefon. „Es brennt!"

„Sie wissen, dass Sie gegen das Gesetz verstoßen, wenn Sie mutwillig einen Brand melden, den es nicht gibt", mahnt der Feuerwehrmann.

„Aber gleich wird die Juister Bank ausgeraubt."

„Ein Banküberfall?"

Der Feuerwehrmann klingt interessiert. Gegen einen Banküberfall verblasst anscheinend jede Katastrophenübung, bei der nur simuliert wird.

Er hört sich die Vermutungen an, dennoch ist der Feuerwehrmann skeptisch. „Können Sie feststellen, wann der Raub stattfinden soll?"

„Sind Sie wahnsinnig? Wie stellen Sie sich das vor? Soll ich an den Tisch gehen und die Herrschaften fragen?"

„Tja, wenn Sie nicht einmal wissen, wann es stattfinden soll ..." Weiter kommt der Feuerwehrmann nicht. Der Hotelmanager hat den Hörer aufgelegt. Was geht es ihn an, ob die Bank überfallen wird oder nicht. Er hat kein Konto dort und so lange die Kriminellen ihre Getränke bezahlen, ehe sie gehen ...

Andererseits! Wenn jeder so denkt, sind wir bald alle verloren.

Kurzentschlossen schickt er Maik an seinen Arbeitsplatz zurück, mit dem Befehl, sich sofort über Handy zu melden, sobald die fünf die Hotelbar verlassen. Er selbst eilt davon. Sein Weg führt ihn zur Polizeistation. Irgendjemand musste doch da sein.

Doch das Polizeigebäude ist verwaist. Er rüttelt an der verschlossenen Eingangstür.

„Die sind alle bei der Übung", ruft ihm jemand zu, der auf einem Fahrrad vorbeiradelt. Er deutet nach Norden. „Gleich hier um die Ecke. Bei der Kirche."

Das ist genau der Moment, in dem sich die Bankräuber auf den Weg machen.

Normalerweise hält sich der Filialleiter der Bank um diese Zeit nicht mehr im Schalterraum auf. Aber was ist an diesem Tag schon normal gewesen, fragt er sich. Beim Frühstück hatte er sich seine gute Hose mit Kaffee vollgekleckert, auf dem Weg zur Arbeit bekam sein Fahrrad einen Plattfuß und seine Ersatzhose war vom kurzen, aber heftigen Regenschauer durchweicht gewesen. Das Mittagessen war versalzen und zerkocht und der Nachtisch, sein Lieblingsjoghurt, seit einem Monat abgelaufen. Der Nachmittag schleppte sich mit langweiligen Kundengesprächen, nervigen Telefonaten und unmotivierten Mitarbeitern hin. Schlimmer kann es nicht mehr kommen.

Es kommt.

Fünf Maskierte stürmen Sekunden vor verdientem Feierabend die Bank.

„Hände hoch!", brüllt ein Mann mit schwarzer Skimaske.

Der kleinste der Bankräuber packt eine Teleskopstange aus und justiert sie vor das Kameraauge in der oberen Raumecke.

So schnell ist die Filmüberwachung zum Teufel, kann der Filialleiter noch denken, als auch schon einer der Maskierten dicht vor ihn tritt. Säuerlicher, alkoholgetränkter Atem dringt durch die Wollmütze. Der Filialleiter hasst alte Bierfahnen. Ihm wird übel davon.

„Sind Sie der Chef?", wird er gefragt. Leugnen ist zwecklos, überlegt er, seine Kleidung entlarvt ihn. Er hätte nach dem Mittagessen nicht seinen besten Anzug anziehen sollen. Mit einer Pistole fuchtelt der Bankräuber vor seinem Bauch herum. Der Filialleiter fürchtet nicht eine Sekunde lang um seinen Anzug. Mit einem Loch im Magen ist eh alles egal. Aus dem Augenwinkel kann er sehen, wie sein Mitarbeiter sich zentimeterweise in Richtung des Alarmknopfes bewegt.

„Keinen Schritt weiter", wird der auch schon von einer besonders dicken Frau gestoppt. Ihre Skimaske lässt erkennen, dass sie Brillenträgerin ist. Aus unerklärlichem Grund entsetzt den Filialleiter die Tatsache, dass eine Frau, zumal eine besonders dicke, an einem Überfall teilnimmt fast mehr als der ganze Bankraub selbst.

„Wir haben fast kein Bargeld in der Kasse", versucht eine Bankangestellte hinter einer Trennscheibe die fünf zum Abbruch des Unternehmens zu bewegen. Sie klingt, als würde sie es bedauern.

„Ha", schreit einer der Räuber.

„Erzähl keinen Scheiß", mischt sich die Dicke ein. „Her mit dem Geld." Sie wirft eine Tasche auf die Ablage vor der Kassenraumtrennscheibe. Die wird im gleichen Augenblick von einem der Maskierten heruntergerissen.

„Blöde Kuh", sagt er. „An dem bisschen Geld sind wir nicht interessiert. Wo ist der Tresor?" Auch er hat seine Waffe in der Hand und fuchtelt damit herum. „Also? Wo entlang?"

Die Bankangestellte schaut hilfesuchend zu ihrem Filialleiter hinüber.

„Mach's Maul auf! Wo ist der Tresorraum?"

„Da kommen wir nicht rein. Die Zahlenkombination ist

mit einer Zeitschaltuhr gekoppelt", erklärt der Filialleiter.

Später erfährt er, dass Oskar, der Chef der Bande, im Laufe seines Erwachsenendaseins ständig mit Kriminellen zu tun gehabt hat. Er bemerkt sofort, wenn jemand lügt. „Rede keinen Quatsch. Ab jetzt."

Die Pistole gegen den heute äußerst empfindlichen Magen gedrückt, merkt er, mit Lügen kommt er keinen Schritt weiter.

Soll er eine Ohnmacht vortäuschen? Übel genug dazu ist ihm.

Ehe er sich eine Strategie einfallen lassen kann, führen ihn seine Beine in Richtung Tresorraum. Die Gangster folgen.

Ein klaustrophobisches Gefühl überkommt ihn, als er schließlich mit dreien der fünf Räuber den gepanzerten Raum betritt.

Er wendet sich dem offensichtlichen Chef der Bande zu. „Und jetzt?"

„Tresor aufmachen."

„Er ist leer", sagt er und glaubt ein bösartiges Grinsen unter der Maske zu erkennen, doch das ist Einbildung. „Der Tresor ist am Wochenende immer leer."

„Quatsch keine Opern", zischt ihn eine weibliche Stimme an. Mein Gott, was ist aus unserer Welt geworden, fragt sich der Filialleiter. Noch eine Frau! „Dann plündern wir die Schließfächer. Hol die Schlüssel."

„Das bringt nichts. Um an jedes einzelne Schließfach zu gelangen, brauche ich einen zweiten Schlüssel. Den des jeweiligen Kunden."

„Ah, ein ganz Schlauer!", brummt der Anführer, wechselt umständlich die Pistole in die andere Hand und wühlt in seiner Hosentasche.

Den Schlüssel mit der Nummer 471 lässt er vor den Augen des Filialleiters baumeln. Ein triumphierendes Glitzern in den Augen des Bankräubers ist durch die Wollschlitze zu erkennen. Dem Filialleiter sackt das Herz in die Hose. Die Räuber haben seinen Schließfachschlüssel. Wie kann das sein? Wie ist er in deren Besitz gelangt?

„Woher haben Sie den?"

„Halt's Maul und hol den Hauptschlüssel."

So umständlich, wie es eben geht, hantiert er mit den Schlüsseln. Du musst Zeit schinden, sagt er sich. Zeit? Wofür?

Es ist doch hoffnungslos. Niemand außerhalb dieses Gebäudes weiß von dem Raub. Sein Kollege hat keinen stillen Alarm geben können und er selbst steht im gepanzerten Raum und ist hilflos.

Mit zitternden Fingern schiebt er die Schlüssel ins Loch, dann wird er beiseite geschoben. Die stählerne Tür des Schließfaches schwingt auf.

Die drei Bankräuber drängen sich um das Fach. Für den Bruchteil einer Sekunde lassen sie den Filialleiter aus den Augen. Er sollte die Gelegenheit nutzen. Vielleicht gelingt es ihm zu verschwinden und die drei in den Raum einzusperren. Bleiben noch die beiden vorn in der Schalterhalle. Noch ehe er seinen Fluchtgedanken zu Ende denken kann, lässt ein Kreischen ihn zusammenzucken.

Jetzt erschießen sie dich!

„Was ist das denn?"

Der Filialleiter hat schon viele hysterische Stimmen in seinem Leben gehört. Diese lässt sogar ihm das Blut in den Adern gefrieren. „Das Fach ist leer!"

„Aber ..." Sein Magen steht kurz vor dem Versagen, was man von der Alarmanlage nicht behaupten kann.

Keine drei Minuten später klicken gleich mehrere Handschellen.

„Eigentlich ganz gut gelaufen", sagt Bärbel und zwinkert Oskar zu. Sie sitzen im Lokal „Hohe Düne". Diesmal genießen sie die Aussicht auf Strand und Meer, lauschen dem Klang der umschlagenden Wellen und dem Möwengeschrei.

„Da bin ich anderer Meinung." Seiner Ansicht nach hat man ihn von vorn bis hinten veräppelt. Verarscht, wie Kriminelle sagen dürfen. „Wir waren hundsmiserabel", grollt er. „Die größte Blamage aller Zeiten!"

„Ach was. Für den Anfang gar nicht so schlecht", widerspricht Susanne. Sie versucht ein albernes Kichern zu unterdrücken. Dafür erntet sie Oskars bitterbösen Blick.

„Dich scheint das auch noch zu amüsieren!"

Susanne zuckt mit den Schultern. „Männer nehmen immer alles so persönlich."

Bärbel nickt zustimmend.

„Persönlich. Erzähl mir nicht, du hättest es von vornherein gewusst!"

„Hab ich aber. Deswegen habe ich die Wette gewonnen."

„Diese verdammte Wette."

„Einen Banküberfall sollte man nicht mit Laien machen", brummt Oskar.

„An der Bewaffnung hat es nicht gelegen." Hermann grinst zufrieden.

„Bundeswehrsoldat, ein toller Typ", sagt Bärbel, greift nach ihrem Sektglas und prostet ihm zu.

„Verdammte Anfänger", mault Oskar. „Warum habe ich mich nur überreden lassen. Als Gaunerbande haben wir kläglich versagt."

„Reg dich ab. War doch nur ein Experiment", beschwichtigt ihn der Juister Polizeidienststellenleiter mit zufriedenem Grinsen.

„Eine Übung eben."

„Eine Schnapsidee war das!"

„Auserkoren von ganz oben", widerspricht der Polizeichef mit erhobenem Finger.

„Eine kreisübergreifende Großübung im ganzen Landkreis."

„Und wer hatte die verrückte Idee, dass wir die Bankräuber
mimen?"

„Du hast dich freiwillig gemeldet", erinnert ihn Bärbel, die
im wirklichen Leben als Vorsitzende beim Deutschen Roten
Kreuz tätig ist.

Sie mag wohl tolle Verbände anlegen können, aber ihr
Brustumfang ist weitaus größer als ihr IQ, denkt Oskar.
Vor einer „Mund-zu-Mund-Beatmung" ihrerseits graust es
ihm.

Ähnlich böse Gedanken hegt Oskar gegen seinen Räuber-
kumpel Hermann. Dieser verkappte Bundeswehrsoldat, der
als Letzter auf dem ehemaligen Stützpunkt der Nachbarin-
sel die Stellung hält. Garantiert schießt er bei den Übungen
kreuz und quer durch die Gegend. Hermann war jedenfalls
keine glückliche Wahl in Sachen Banküberfall.

„Wir wollten doch nur testen, ob es gelingt, mitten in einer Großübung, bei der alle Katastrophenkräfte im Einsatz
sind, einen Banküberfall zu machen", sagt Juists Polizeichef
gestelzt.

„Hätte man anständige Kriminelle gehabt, wäre es auch
gelungen", gibt Friedrich zu bedenken und hält Oskar seine
geöffnete Hand entgegen.

„Meinen Gewinn bitte."

Oskar, der Chef des Auricher Katastrophenschutzes, betrachtet Friedrich, greift nach seinem Portemonnaie und
zählt dreißig Euro auf dessen Hand. Oskar hatte gewettet:
„Niemand aus der normalen Bevölkerung verfügt über genügend Zivilcourage, um ein kriminelles Delikt zu vereiteln.
Zivilisten haben alle keinen Mumm, um einen noch so offensichtlich bevorstehenden Banküberfall zu verhindern."
Doch Oskar hatte die Rechnung ohne den Hotelmanager
und Maik gemacht.

„Hut ab vor den beiden Männern", sagt Susanne. Als Direktorin des Hauptverbandes aller ostfriesischen Banken und Sparkassen wollte sie unbedingt an dem Überfall teilnehmen.

Oskar blickt in das äußerst zufriedene Gesicht des hiesigen Polizeichefs. Ein Kollege. „Kriminalhauptkommissar" dürfen beide sich nennen.

Oskar sinnt auf Rache. Die Angelegenheit wird auf alle Fälle ein Nachspiel haben, schwört er und freut sich schon heute auf die überregionale Katastrophenübung im kommenden Jahr.

Die wird in seinem eigenen Revier stattfinden.

Beleidigt darüber, in das Projekt nicht eingeweiht gewesen zu sein, zahlt der Filialleiter der Bank seine Getränke und eilt nach Hause. „Schatz", ruft er, „ich muss dir was erzählen. Das war ein fingierter Überfall und das Komische daran, unser Schließfach ist leer."

Wie der Kleiderschrank seiner Ehefrau. Als sie nach drei Tagen nicht zurück ist, ahnt er: Sie ist nicht als arme Frau und allein auf und davon.

Juist
Landkreis Aurich

Die Einheimischen nennen ihre Insel „Töwerland" und „schönste" oder „längste Sandbank der Welt". Dass der Name der Insel auf den plattdeutschen Begriff „güst" zurückgeführt wird, was so viel heißt wie „wüst" und „unfruchtbar", ist nur mehr ein historischer Befund, von dem die Insulaner gerne erzählen, weil er Geschichte ist. Juist wurde 1398 erstmals urkundlich erwähnt: Widzel tom Brok, der als Häuptling im Brookmerland das Sagen hatte, übertrug das Lehen über „Borkyn, Just, Buise, Oesterende, Bal-

Links: Der 17 Kilometer lange Strand von Juist ist zu jeder Tageszeit ein Erlebnis. Oben: Das historische Strandhotel Kurhaus, es eröffnete am 1. Juli 1898 und wurde „weißes Schloss" am Meer genannt.

teringe, Langoch, Spiekeroch ende Wangeroch" an Herzog Albrecht von Bayern, der auch Graf von Holland und Herr von Vriesland war. In den folgenden Jahrhunderten stand das Meer im Mittelpunkt der wenigen Aufzeichnungen: 1570 brach die „Allerheiligenflut" über das Eiland herein, anno 1651 die „Petriflut" und riss es in zwei Teile – dabei entstand jener Durchbruch, auf den der Hammersee zurückgeht. So blieben der kleinere Westteil, die „Bill", zurück und der größere Ostteil, wo das neue Inseldorf entstand. 1662

Ein Sonnen-
untergang, wie
er schöner nicht
sein könnte –
und am Juister
Strand nicht
selten ist.

Herrlich – eine ausgedehnte Kutschfahrt am Strand von „Töwerland".

wurde die alte Inselkirche vom Meer überspült, 1715 kam
die „Fastnachtsflut", 1717 die „Weihnachtsflut". Der Blanke
Hans zwang die Juister, wie Vagabunden über ihre zweige-
teilte Insel zu ziehen. Erst nachdem 1866 zur Wattseite der
„Hammerdiek" errichtet und 1932 die Nordseite mit einem
Dünendeich geschlossen worden war, war die Insel gewapp-
net. Der Hammersee war anfangs 1,8 Kilometer lang und
einen Meter tief, doch das Becken verlandete – der See und
das geschützte Feuchtgebiet haben sich zu einem 35 Hektar
großen Biotop entwickelt. Auf einem Wanderweg kann man
den größten Süßwassersee der Ostfriesischen Inseln umrun-
den, eine Aussichtsplattform im Norden lässt Ausblicke auf
eine weite Dünenlandschaft zu. Westlich des Sees wächst
das „Zauberwäldchen": Ein niedriges Gehölz mit bizarren

Wuchsformen, das einst auf Initiative des Juister Naturforschers Otto Leege entstanden ist.

Früher galt Juist als Insel der Wildpferde. Henricus Ubbius, später ostfriesischer Kanzler, berichtete 1530 über eine wild lebende und „schnellfüßige" Pferderasse. Dass die Reitpferde des Grafen von Ostfriesland von Juist stammten, belegt eine Urkunde von 1584. Doch auch das Gestüt der Cirksena fiel den Fluten anheim. Überdies gab es kaum Platz für Vieh und als um 1750 die zwischen dem Festland und Juist gelegene Insel Bant versank, ging den Juistern auch diese Weidefläche verloren. Der Inselvogt beklagte, dass die „miserable Sandbrinke Juist" gänzlich untergehen werde. So galt fortan das Motto „Wer arm an Land ist, fährt zur See". Die Männer heuerten als Matrosen, Steuermänner oder Walfänger an. Einer, der Juist in jenen Tagen aus der Tristesse befreien wollte, war Pastor Gerhard Otto Christoph Janus (1741–1805). Der Geistliche wollte Gäste zur „wahren Wohlfahrt" auf das Eiland holen. Dass eine Reise zu den Nordseeinseln seinerzeit einer Expedition glich, spricht für Janus' Pioniergeist, der seine Vision, eine Seebadeanstalt auf Juist einrichten zu wollen, 1783 zu Papier brachte. „Als alleruntertänigster Knecht" adressierte er es an Friedrich den Großen. Dieses Dokument gilt als das älteste der deutschen Seebädergeschichte, doch Janus fand kein Gehör.

1840 wagten es die Juister erstmals, es den Norderneyern gleichzutun und sich dem Fremdenverkehr zu widmen, doch 1858 schloss das Seebad wieder. 1866 wagten einige Insulaner einen Neubeginn, eine „Badecommission" und das erste Warmbadehaus entstanden. Als sich 1871 die „Dampfschiffs-Rhederei Norden" gründete und 1883 die Bahnverbindung von Emden nach Norden fertig war, kamen die Sommerfrischler. Als 1892 die neue Hafenanlage von Norddeich in Betrieb war und es möglich war, per Bahn bis an die Küste zu reisen, nahmen die Gästezahlen stetig zu. Heute kommen

Die Insulaner nennen ihr Eiland „schönste Sandbank der Welt".

übers Jahr mehr als 111 000 Besucher auf die Insel, deren
weißes Kurhaus an mondäne Zeiten erinnert. Wer auf grü-
nen Wegen wandeln möchte, dem sei der Otto-Leege-Pfad
empfohlen – in den Ostdünen zwischen der Wilhelmshöhe
und den Goldfischteichen gelegen. Auch ein Ausflug zur
Bill muss sein – in der Domäne Bill gibt es selbst gebackenes
Rosinenbrot. Der Weg entlang am Wattenmeer lohnt sich.
Wer es gemächlich mag, der sollte die Kutsche nehmen – das
Klappern der Pferdehufe ist zweifelsohne das eigenwilligste
Geräusch der Insel. Die insulare Geschichte ist im Küsten-
museum Loog zu Hause. Kultur – vom traditionellen Insel-
abend bis hin zu den Juister Klassiktagen – findet im Haus
des Kurgastes statt; gleich beim Meerwassererlebnisbad und
dort, wo die „Doornkaatbuddel" auf der Delldüne aufragt –
der backsteinerne Wasserturm, ein Wahrzeichen der Insel.

Norderney

Hans-Erich Viet

Das Paradies

Überleg doch mal, der Thomas Anders, der Sänger – ‚Es fährt ein Zug nach nirgendwo …‘ lalala und so weiter, is eigentlich doch Quatsch, der Titel. Wenn schon, dann müsste es heißen ‚Es fährt ein Zug nach irgendwo‘. Irgendwo, verstehst du. Würde bedeuten, der Zug, in dem er sitzt, fährt ohne Ziel. Nein, stimmt auch nicht. Ein Zug hat immer ein Ziel, einen Bestimmungsort und einen Zeitplan, wann und wo er ankommt.

Der heißt nicht Thomas Anders, sondern Christian Anders. Thomas ist der ehemalige Kumpel von Bohlen, der aus Tötensen. Stimmt, hast recht. Waren die eigentlich schwul damals? Glaub ich nicht und wieso damals? Einmal schwul ist immer schwul oder meinst du, die können geheilt werden? Geheilt nicht, aber bekehrt vielleicht! Die Amerikaner sollen ja Erfolge erzielt haben mit religiösen Methoden. Glaub ich nicht.

Egal, wenn also Herr Christian Anders im Zug sitzt, ach so – der heißt eigentlich ganz anders, Antonio Schinzel Tenicolo, Sohn eines italienischen Gastarbeiters in der Steiermark. Also bei dem Namen wär’s mir auch egal, wohin die Reise geht. Günther lacht über seinen Scherz, Marianne nicht. Es ist ihm also egal, wohin er fährt. Er könnte auch in jedem anderen Zug sitzen, es wäre ihm, Herrn Anders, nennen wir ihn mal so – egal. Aber der Zug weiß immer, wohin er fährt.

Außer bei der Deutschen Bahn vielleicht, ab und zu. Da ist selbst so ein Mehdorn gescheitert und gerade den setzen sie auf den Berliner Flughafen an, klar scheitert der auch dort – nur eben wesentlich größer. Gutes Geld kriegen diese Leute sowieso, egal wie groß sie scheitern. Der Oettinger z. B. – der aus Stuttgart und der leider auch so spricht – großes Scheitern in Baden-Württemberg und dann super Beförderung nach Brüssel zum Kommissar und jetzt malträtiert er uns im Radio und im Fernsehen mit seinen bescheidenen Einsichten und das ihm verordnete Sprachtraining hat absolut gar nichts bewirkt. Die in Stuttgart sind froh, dass sie ihn los sind und jetzt nervt er ganz Europa. Kein Wunder, dass der Laden nicht funktioniert, bei solchen Leuten. Über Griechenland möchte ich gar nicht erst anfangen.

Norddeich Mole, Endstation. Pünktlich. Erstaunlich. Aber die Fähre muss ja sowieso warten.

Warum reg ich mich auf? Ein paar schöne Tage auf Norderney und gut so. Jetzt, wo wir ein wenig kürzer treten müssen. Marianne ist manchmal nicht mehr so auf dem Damm, wie man so sagt. Aber nach Norderney nicht gerade in der Hauptsaison, zu viele Menschen, hysterisch, weil sie was erleben wollen in den Discos und Kneipen. Sie kommen ja vielfach ohne ihre Partner, dann ist das ‚Rummachen‘ natürlich einfacher. Die Frauen halten es aber genauso. Getarnt als Kegelausflug oder Klassentreffen oder was weiß ich. Aber jetzt, vier Wochen vor Ostern geht's ganz gut.

In der Schlange vor der Fähre, Marianne sagt nichts. Sie summt ein Lied: ‚Es fährt ein Zug nach nirgendwo …‘ Sie ist in Gedanken versunken, summt das Lied ziemlich laut, findet Günther. Die anderen Touristen schauen schon rüber – und Günther schämt sich ein wenig für seine Frau, er lächelt verlegen. Flüstert Marianne etwas zu. Sie verstummt.

Der Matrose mit dem goldenen Inselring im Ohr grüßt freundlich, er verlangt nicht einmal das Ticket – das wird erst auf Norderney kontrolliert. Günther grüßt freundlich zurück, dann zu Marianne: Du hast die Papiere ja in deiner Handtasche. Marianne sieht ihn an, mit einem Gesicht, das ihn zutiefst erschrecken lässt. Sie reagiert nicht, schaut ihn an – aber auch durch ihn hindurch. Er panisch: Wo ist deine Handtasche, wo hast du die Handtasche? Sie reagiert nicht und ihre Handtasche hat sie auch nicht. Wie vom Blitz getroffen kapiert Günther – die Tasche muss sie im Zug liegen gelassen haben. In letzter Zeit ließ sie immer irgendwo etwas liegen oder fand es nicht und hatte nie eine Erklärung, machte sich nicht einmal Sorgen deswegen. Bin gleich wieder da, stößt Günther hervor, lässt das Gepäck stehen und Marianne auch und rennt los in Richtung Bahnsteig. Der Matrose mit dem goldenen Ring im Ohr schaut Günther nach. Wir legen gleich ab!, ruft er ihm hinterher. Marianne lächelt ihn an. Ein hübscher Kerl, denkt sie, sieht aus wie ein Pirat. Sie mochte Piraten und Abenteuer und Schiffe und das Meer. Und sie würde wieder tauchen und die bunten Fische sehen und die Korallen, sie hatte extra ihren Bikini eingepackt, den hatte sie so lange nicht getragen. Sonnengelb und in Italien gekauft.

Günther hetzt zum Zug, der immer noch am Bahnsteig steht, kein Mensch zu sehen. Er ist ziemlich aus der Puste, er war nicht auf diesen Spurt vorbereitet. Aber wie hätte er sich vorbereiten sollen? Mal joggen gehen oder Power Walken, hatte ihm der Betriebsarzt empfohlen. Damals, als er noch im Großmarkt gearbeitet hatte. Disposition, das hatte er gemacht, jahrzehntelang und er war gut gewesen. Jetzt war er früher in Rente gegangen, die Abschläge waren zu verkraften. Die Knie machten ihm zu schaffen. Marianne hatte im Kindergarten gearbeitet. Nicht mit den Kindern, sondern in der Küche. Sie mochte Kinder, aber eigene hatten sie nicht bekommen. Dafür waren sie aber viel gereist, immer ans Wasser. Günther hetzt durch den Zug, irgendwo hinten hatten sie gesessen, da wo jetzt vorne ist, weil der Zug rückwärts wieder aus dem Norddeich-Mole-End-Bahnhof herausgezogen wird. Und genau das passiert jetzt und Günther hat die Handtasche seiner Frau noch nicht gefunden.

Er flucht vor sich hin, verwünscht die Schusseligkeit von Marianne und hat Atemnot. Endlich kommt er zu dem Platz, wo sie beide gesessen hatten, erkennbar an dem Müll, den sie hinterlassen haben. Eine zerknüllte Tüte vom Bäcker, in der waren die Teilchen verpackt. Ein Schweineohr und eine Nussecke für Günther, eine Rosinenschnecke und eine Laugenstange für Marianne. Dazu Kaffee in Pappbechern, jeweils XL-Size. Ordentlich zusammengefaltet die Bildzeitung, die er von vorne bis hinten durchgelesen hatte. Die Stinkefinger- Angelegenheit des griechischen Finanzministers als Aufmacher. Denen sollte man den Stinkefinger zeigen, irgendwann muss doch Schluss sein mit dem Krieg, den die Deutschen angezettelt haben. Is doch wahr. Aber Griechenland war nicht das Thema, dafür findet er tatsächlich die zerknautschte Handtasche von Marianne unter dem Sitz. Er nimmt sie an sich und hetzt den Gang entlang. Der Zug hat inzwischen Fahrt aufgenommen und an einen Ausstieg oder gar einen Absprung ist nicht zu denken. Also lässt er sich in einen Sitz fallen und ergibt sich in sein Schicksal.

Was für ein beschissener Tag.

In Norden steigt er aus, geht auf den Bahnhofs-Vorplatz und schaut nach einem Taxi. Kein Taxi. Er sieht eine Taxi-Nummer auf einem Werbeschild und ruft mit seinem Handy dort an. Kein Problem, in 10 Minuten ist das Taxi da. Kein Problem, denkt er, das Schiff ist weg und Marianne sitzt alleine am Hafen und weiß nicht, was los ist. Andererseits spürt er eine gewisse Schadenfreude in der Vorstellung, dass seine Frau aufgelöst am Hafen sitzt, nicht weiß, wo hinten und vorne ist und sich wundert, wo er bleibt. Soll sie sich ruhig sorgen, das wird ihr eine Lehre sein. Dass ihre Schusseligkeit auch einmal auf sie zurückfällt. Damit sie sich vorstellen kann, wie ihm häufig zumute ist. Ein gepflegtes Gespräch war ja selten geworden zwischen ihnen beiden. Und wenn er sich nicht um alles kümmern würde, dann aber gute Nacht, Marie. Vielleicht sollte sie mal zum Arzt gehen wegen ihres Zustandes. Machte sie aber nicht. Dafür zweimal die Woche zur Lymphdrüsen-Drainage. Dienstags und freitags. Diese Termine trug sie wie eine Monstranz vor sich her, diese Termine waren heilig und daran wurde nicht gerüttelt. Er musste auf Norderney vorab organisieren, dass Marianne ihre Drainage-Termine auch auf der Insel wahrnehmen konnte. Das hatte geklappt, weil Günther seit geraumer Zeit mit dem Marketing-Beauftragten der Insel bekannt war. Wie der Matrose am Schiff trug auch der Marketing-Fachmann einen Goldring im Ohr. Diese Einheimischen waren schon so 'ne Sorte. Sie hatten sich bei einer Malt-Whisky-Verköstigung im Kurhaus kennengelernt. Über schottischen Whisky konnte der Mann dozieren ohne Ende, Günther bewunderte das. Vielleicht sollten Marianne und er auch mal nach Schottland fahren und dann auf eine der Inseln, wo der Whisky gebrannt wird.

Aber erst mal nach Norderney. Das Taxi hält am Hafen, er bezahlt und geht zum leeren Kai. Die Fähre ist natürlich weg, Marianne auch. Sie hat sich sicher in das Empfangsgebäude gesetzt, denkt er. Hat sich dort ein Bockwürstchen gekauft und eine Cola. Manchmal, wenn sie auf die Fähre warten mussten, hatten sie Bockwürstchen gegessen, ein Ritual vor den schönen Tagen auf Norderney. Früher wussten sie, wie man es sich gut gehen lässt. Es sind ja die kleinen Dinge im Leben, die zählen. Darin waren sie sich einig gewesen.

Aber Marianne ist nicht da. Er fragt am Imbiss-Stand, an der Kuchentheke und beim Fahrkarten-Schalter. Aber wie soll er fragen? Haben Sie eine Frau gesehen, die hier gewartet hat? Mitte sechzig, Freizeitjacke von Jack Wolfskin, Farbe weinrot? Absurd. Die Hälfte der Leute, die hier durchkommen, sind in dem Alter und tragen Jack Wolfskin. Auch Günther. In dunkelblau. Die Jacken sind eben praktisch, was soll's. Muss man keine Philosophie draus machen. Er bestellt sich ein Bockwürstchen mit viel Senf, dazu eine Diät-Cola, was soll's.

Der Matrose mit dem Goldring im Ohr war wirklich sehr nett. Er war höflich, hatte ein spitzbübisches Lächeln und machte Witze mit den Fahrgästen, er half Müttern mit Kindern, hob schon mal das Spielzeug auf, wenn die jungen Mütter zu paniken drohten. Ach, Sie haben Ihre Handtasche liegen lassen im Zug, ist nicht so schlimm. Ihr Mann wird sie schon finden. Nein, warten auf ihn können wir leider nicht. Nein, Sie müssen nicht hier in Norddeich bleiben. Sie können mitfahren, ich sag Bescheid, das regeln wir. Dann kommt Ihr Mann eben mit der nächsten Fähre. Kein Problem.

Marianne fühlt sich wohl auf dem Schiff, endlich wieder auf dem Meer. Sie setzt sich in den Speisesaal und summt ein Lied. Neben ihr eine Familie mit drei Kindern, klein sind sie noch. Der Vater blättert in einem Segler-Magazin, die Mutter holt Spielzeug aus ihrer großen Tasche und beschäftigt sich mit den Kindern. Marianne lächelt die Kinder an, summt ihr Lied. Der Kellner kommt vorbei und nimmt Bestellungen auf, die er dann in ein Gerät tippt, das die Bestellung automatisch an den Tresen weitergibt. Die Mutter bestellt Pommes für die Kinder, für sich und für den Mann einen Tee, aber nicht in Beuteln! Der indische oder pakistanische Kellner versteht das. Er fragt Marianne, ob sie auch etwas bestellen möchte. Sie schaut ihn aber nur an, summt ihr Lied, lächelt. Sehr hübsch der Mann mit seiner braunen Haut. Jetzt singt sie leise den Text des Liedes: ‚Hörst du noch immer den Klang der Gitarren von Bali, spürst du mein Herz für dich schlagen?‘

Die Kinder schauen neugierig auf die Frau, die da singt. Der Kellner geht etwas irritiert ab. Die junge Mutter versucht ihre Kinder davon abzuhalten, die singende Frau anzustarren. Der Vater schaut kurz von seinem Segler-Magazin auf, schüttelt den Kopf und liest weiter. Kurz danach kommen die Pommes und der Tee. Die Kinder stürzen sich auf die Teller und essen genüsslich ihre Pommes. Marianne lächelt die Kinder an und nimmt sich wie selbstverständlich ebenfalls Pommes von den Tellern. Das kleinste der Kinder will das nicht und zieht den Teller zu sich, kuckt böse. Marianne kuckt auch böse oder ist sie böse? Sie beugt sich vor und nimmt weiter Pommes vom Teller. Die Kleine mag das gar nicht und fängt an zu weinen. Marianne lächelt und nimmt mehr Pommes, die Kleine weint jetzt noch lauter. Die Mutter versucht ihr Kind zu beruhigen, was nicht gelingt. Jetzt weint auch das zweite Kind. Der Vater legt sein Segler-Magazin zur Seite, sagt zu Marianne: Finden Sie das etwa lustig?

Marianne lächelt ihn an und kaut hingebungsvoll auf den Pommes. Jetzt packen die Eltern zusammen und ziehen mit den Kindern ein paar Tische weiter. Das dauert und ist umständlich wegen des Gepäcks und der Pommes-Teller und der Kinder, die sich nicht beruhigen wollen. Der ganze Speisesaal schaut auf die Szene und auf Marianne, die sehr bald sehr alleine an ihrem Tisch sitzt. Sie freute sich schon auf das Schwimmen im Meer, sie würde schnorcheln, ganz so wie früher. Sie würde ihren gelben Bikini tragen und sich vorher noch von einem der Strandboys eincremen lassen. ‚Hörst du noch immer den Klang der Gitarren von Bali …'

Auf Norderney verteilen sich die vielen Gäste, die mit der Fähre angekommen sind. Es fahren Busse, Taxen, einige Gäste sind mit dem Auto angereist. Was das kostet. Andere sind mit dem Fahrrad da. Marianne irrt zwischen den Menschen umher, kennt niemanden, erkennt niemanden. Auch nicht den Fahrer des Hotels, der gekommen ist, um sie abzuholen. Marianne läuft an ihm vorbei, obwohl sie ihn seit Jahren kennt. Der Fahrer spricht sie verdutzt an. Guten Tag, Marianne, haben Sie mich nicht gesehen? Marianne fragt ihn, wer er denn sei. Der Fahrer findet den Scherz nicht witzig, überspielt dies jedoch. Er legt einen italienischen Akzent auf und stellt sich übertrieben schlecht Deutsch redend vor. Er ist eigentlich Türke, aber es klingt doch irgendwie italienisch, wie er so den Clown gibt. Marianne sagt, dass sie sich freue, dass er sie abholen würde. Der Fahrer fragt jetzt nach – und wo ist denn der Herr Günther? Wer? Der Fahrer kapiert jetzt gar nichts mehr. Na Günther, Ihr Mann!

Mein Mann? Marianne schaut wieder ratlos. Der Fahrer fragt nach, kommt er später? Oder ist er noch auf der Fähre? Ich bin nicht verheiratet, ich habe keinen Mann. Der Fahrer gibt jetzt auf, er kapiert nichts mehr in dem Spiel, wie er meint. Er nimmt Marianne das Gepäck ab und bittet sie in den Wagen zu steigen. Sie steigt ohne Widerstand ein und fragt dann: Wo fahren wir denn hin? Der Humor des Fahrers ist verbraucht. Lakonisch antwortet er – wir fahren dorthin, wo Sie immer hinkommen. Ach so. Dann eine schweigsame Fahrt über die Insel. Im Rückspiegel sieht der Fahrer Mariannes Gesicht. Ganz ernst, grübelnd, fast verzweifelt. Dann plötzlich sagt sie: Sind Sie nicht Hassan und kommen aus Antalya? Ja, das stimmt. Wie geht's Ihrer Frau und den Kindern? Musste Ihre Frau nicht operiert werden? Ja, das stimmt, es ist alles gut gelaufen. Den Kindern geht's auch gut.

Schön, sagt Marianne und schaut wieder aus dem Fenster. Dann kramt sie in ihrer Jacke und holt einen zerknüllten Brief hervor, streicht ihn glatt. Dann steckt sie ihn wieder ein. Wie soll man daraus schlau werden, fragt sich Hassan.

Günther hat die nächste Fähre genommen, er sitzt mit der Handtasche seiner Frau oben an Deck. Es ist zwar kalt, aber noch hell. Er schließt seine Freizeitjacke bis oben hin, schlägt die Kapuze hoch. Die Seeluft tut gut. Nur wenige Passagiere haben sich nach draußen gewagt. Günther sitzt da und überlegt. Wie ist die Situation? Marianne wird immer seltsamer, vergesslicher und undurchschaubarer. Vielleicht sind das Vorzeichen von Alzheimer oder so etwas Ähnlichem. Sie müsste sich untersuchen lassen, die Vorfälle werden immer grotesker. Im Haus verlegt sie Dinge, die sie nicht wiederfindet. Auch seine Sachen verschwinden oder finden sich am anderen Platz wieder. Dann ihr Getue mit der Lymphdrüsen-Massage. Ob das wirklich nötig ist? Vielleicht sollte sie sich einfach mehr bewegen, Fahrrad fahren oder im Garten arbeiten. Den Garten überließ sie vollkommen ihm, mit Verweis auf die Lymphe. Wie lange ging das jetzt schon? Bestimmt zwei Jahre. Wenn er genau überlegte, fing es an, kurz nachdem er in Rente gegangen war. Ihre Mutter war schon vor längerer Zeit gestorben, Gehirnschlag. Ihr Vater viele Jahre davor, er hatte sich zu Tode gesoffen.

Irgendetwas musste passieren, vielleicht ergibt sich auf Norderney eine ruhige Phase, dass sie mal richtig reden könnten. Um dann zu überlegen, wie es nach dem Urlaub weitergehen könnte. Denn so war es kein Leben mehr. Ich brauche jetzt einen Cognac, sagte er sich, stand auf und ging in das Bordrestaurant. Dort hatten sie keinen guten Cognac, also bestellte er sich einen Küstennebel.

Auf der Insel nahm er den Bus in den Ort, ging zu Fuß die letzten Meter zum Hotel. Er war innerlich ganz ruhig. Sorgen machte er sich nicht, Marianne würde die erste Fähre genommen haben und Hassan würde sie abgeholt haben, wie immer. An der Rezeption begrüßte man ihn freundlich, sie waren ja schon fast Stammgäste, wenn man das auf Norderney sagen konnte. Ihre Frau ist schon aufs Zimmer gegangen, sie war müde, wirkte etwas angespannt. Ja, das kann sein, meinte er. Sie hat ihre Handtasche im Zug vergessen, deshalb das ganze Durcheinander. Sie wissen ja selbst, Frauen und Handtaschen. Die Rezeptionistin lacht etwas gekünstelt, stimmt ihm aber zu. Möchten Sie noch etwas aufs Zimmer? Das Restaurant hat schon geschlossen. Ja doch, bringen Sie mir einen Hamburger, Pommes frites und eine Cola. Nein, keine Cola, bringen Sie mir ein Bier. Hat meine Frau schon etwas gegessen? Nein, sie ist gleich nach oben verschwunden, Hassan hat ihr Gepäck getragen. Na dann, gute Nacht.

Er schließt das Zimmer auf, tritt ein. Marianne liegt angezogen im Bett und schläft tief. Ein Glück, denkt er sich, sonst geht das Generve gleich weiter. Er holt seinen Schlafanzug aus dem Koffer, zieht sich um. Wäscht sich, putzt sich aber noch nicht die Zähne. Es klopft, es ist der Zimmer-Service. Ihre Bestellung, mein Herr, eine hübsche kleine Frau, wahrscheinlich aus Indonesien oder auch Thailand. Sie lispelt ein wenig. Bitte stellen Sie es dort ab und leise bitte, meine Frau schläft. Er beobachtet die Asiatin, wie sie das Tablett abstellt, sich dabei ein wenig bückt, niedlich. Er gibt ihr Trinkgeld, das Essen geht auf die Hotelrechnung. Dann setzt er sich vorsichtig aufs Bett und isst den Burger, trinkt das Bier. Er legt seine Kopfhörer an und schaut TV. Langsam wird er müde und er schläft ein, während der Fernseher weiter läuft. Es war ein langer Tag.

Plötzlich schreckt Marianne hoch, wie aus einem bösen Traum erwachend. Sie ist irritiert, weiß offenbar zuerst nicht, wo sie sich befindet. Bemerkt den schlafenden Mann neben sich, nimmt ein paar von den Pommes, die er nicht gegessen hat und isst sie genüsslich. Sie trinkt auch den Rest vom Bier, isst jetzt alles auf, was der Mann nicht gegessen hat. Dann zieht sie ihre weinrote Jacke an, kramt in ihrem Gepäck und findet den gelben Bikini, steckt ihn ein. Jetzt betrachtet sie den schlafenden Mann ganz ruhig. Sie schaltet den Fernseher mit der Fernbedienung aus, er räkelt sich ein wenig in eine andere Position und fängt an zu schnarchen.

Sie steht langsam auf, holt tief Luft, nimmt vom Nachttisch leise eine schwere Messinglampe, hebt diese hoch in die Luft, verharrt kurz in der Position und schlägt dann mit voller Wucht auf den Kopf des Schlafenden ein. Der schreckt kurz hoch, aus dem Schnarchen wird ein Röcheln. Er reißt die Augen auf und röchelt. Sie sieht in seine Augen, hebt die schwere Lampe noch einmal hoch und schlägt wieder zu. Dann nochmal und nochmal, bis ihr schlecht wird. Überall Blut, aber bald ist der Mann ganz still. Mit einem Taschentuch bedeckt sie ihren Mund, um sich nicht zu übergeben. Sie nimmt jetzt ihre Handtasche, die er mitgebracht hat und öffnet sie. Entnimmt einen Umschlag mit Fotos. Betrachtet kurz die Fotos und wirft sie einzeln auf den blutigen Körper. Dann verlässt sie das Zimmer.

Es ist wunderschön am Strand, obwohl es schon spät ist, leuchtet das Meer. Sie läuft barfuß durch den Sand, kommt an der ‚Giftbude‘ vorbei. In diesem Restaurant waren sie jedes Mal essen, wenn sie auf der Insel waren. Die Brandung ist nicht sehr stark, sie wird ganz ruhig. Zieht ihre Jacke aus, dann die Kleider, bis sie ganz nackt ist. Sie nimmt den gelben Bikini aus ihrer Jacke und zieht ihn an. Er passt nicht mehr richtig, aber das ist egal. Sie spürt die Kälte auch nicht, als sie immer weiter ins Meer geht. Bis sie fast nicht mehr stehen kann, dann taucht sie ein und macht unter Wasser ein paar Schwimmbewegungen.

Endlich wieder die bunte Vielfalt der Korallen und der Fische. Sie genießt diese Bilder und wird schwerelos, so muss das Paradies sein.

Mit einem Hubschrauber ist der Kriminalkommissar aus Aurich auf die Insel gekommen. Er mag die Insel nicht besonders, die von oben so friedlich im Gezeitenstrom eingebettet ist. Immer wenn er gerufen wird, gibt's Unannehmlichkeiten. Es ist sein Beruf und er ist gut in seiner Arbeit, aber er wird sich nie daran gewöhnen. Der Tote im Hotelzimmer ist in einem entsetzlichen Zustand, das asiatische Zimmermädchen ist vollkommen hysterisch und nicht zu beruhigen. Sie redet und jammert in ihrer Heimatsprache, die keiner versteht. Vor dem Hotel stehen Touristen und wollen wissen, was passiert ist. Der Kriminalbeamte hat ziemlich schnell ein Bild von dem, was passiert ist. Er schaut sich die Fotos an, die auf dem Toten liegen. Ein etwa 15-jähriges Mädchen, sehr hübsch mit einem strahlenden Lächeln, ist in verschiedenen Situationen zu sehen, mehrere Fotos wurden eindeutig bei einer Konfirmation aufgenommen. Es liegt ein Umschlag dabei, adressiert an Marianne. Offenbar ist das Mädchen die Tochter des Toten. Das jedenfalls steht in dem zerknitterten Brief. Eine Frau, sie stellt sich als Elisabeth vor, behauptet, seit 20 Jahren ein Verhältnis mit Günther zu haben, der jetzt tot ist. Sie hat offenbar auch im Großmarkt gearbeitet. 20 Jahre, denkt der Kommissar, eine lange Zeit. Und zur Konfirmation des Kindes hat diese Frau beschlossen, das doppelte Spiel offenzulegen. Und die andere Frau hat es beendet.

Man würde sie finden, einmal auf der Insel, kommt man schlecht wieder weg. Er wusste, immer wurde es unangenehm, wenn er gerufen wurde. Und jedes Mal wunderte er sich, was die Menschen so miteinander anstellen.

Norderney
Landkreis Aurich

Auf wohl kaum einer Ostfriesischen Insel stoßen Gegen-
wart und Vergangenheit so aufeinander wie auf Norderney
– wobei unterschieden werden muss zwischen der „weißen
Stadt am Meer" mit rund 8000 Einwohnern im äußersten
Westen und der übrigen Inselfläche. Das Flair der „guten
alten Zeit" ist im Ort (Norderney bekam im Jahre 1948
Stadtrechte verliehen) noch erlebbar: Häuserfassaden weisen klassizistische Elemente oder solche der wilhelmini-
schen Gründerzeit auf; Beispiele architektonischer Glanz-

Links: Die „Marienhöhe", im Westen Norderneys, ist ein Café und Ausgangspunkt eines historischen Rundgangs. Oben: Das Conversationshaus (ehemals Kurhaus) ist ein architektonisches Schmuckstück.

stücke der Vergangenheit sind das Kurtheater (erbaut 1894), das Conversationshaus (heute u. a. Sitz von Tourist Information und Zimmervermittlung) oder auch das 1892 errichtete „Kaiserliche Postamt".

Norderney, entstanden während der Zweiten Marcellusflut, als im Januar 1362 die Insel Buise zerbrach, wird erstmals 1398 als Oesterende urkundlich erwähnt; ab 1549 hieß das Eiland „Norder Neye Oog". Die Inselbewohner lebten vorwiegend vom Fischfang und vom Strandgut – bis das

Die Badekarren waren früher am Strand unerlässlich, damit die Schicklichkeit am Strand gewahrt werden konnte.

Eine Sehenswürdigkeit von Norderney: die Mühle „Selden Rüst".

Seebad gegründet wurde. Wesentlicher Befürworter für die Einrichtung eines Heilbades war Graf Edzard Mauritz von Inn- und zu Knyphausen (1748–1824) als Präsident der Ostfriesischen Stände. 1800 kamen 250 Gäste – ein Zahl, die man ob der beschwerlichen Anreise nicht unterschätzen darf. Jedes Jahr kamen mehr Erholungsuchende, und Norderney wurde zum Treffpunkt für den Hochadel und jeden, der etwas auf sich hielt. Georg, der blinde Kronprinz von Hannover, reiste 1836 erstmals mit seinem Gefolge an; als er König war, machte er als Georg V. Norderney zu seiner Sommerresidenz.

Die Norderneyer Badezeitung wurde zur beliebten Lektüre, denn sie veröffentlichte wöchentlich, wer auf der Insel angekommen war, nannte Namen und Titel, Beruf, Heimatort und das Quartier. Zu den Gästen gehörten Otto von Bismarck, der „Eiserne Kanzler", Gebhard Leberecht von

Blücher, der hier seiner Spielleidenschaft frönen konnte, oder auch Theodor Fontane. Heinrich Heine soll im Café Marienhöhe – benannt nach Königin Marie von Hannover – Gedichte geschrieben und seine Gedanken über die Insel und ihre Bewohner zu Papier gebracht haben. Das liest sich zum Beispiel so: „Die Eingeborenen sind meistens blutarm … und trinken einen Tee, der sich von gekochtem Seewasser nur durch den Namen unterscheidet …" Dem Dichter hat man vor dem Haus der Insel ein Denkmal gesetzt.

Mit Beginn des Tourismus wurden aus Fischerfamilien Gastgeber, Frauen arbeiteten als Badefrauen, deren Männer fuhren zu Lustfahrten auf See mit den Gästen raus oder wurden Badediener. Baden durfte man im 19. Jahrhundert nur nach Geschlechtern getrennt – daran erinnern die Wegebezeichnungen „Damenpfad" und „Herrenpfad". Uniformierte „Badepolizisten" wachten über die Schicklichkeit. Auch kamen Badekarren zum Einsatz. Norderney war vermutlich das erste Bad an der deutschen Nordseeküste, das

Auf Norderney kurten einst zahlreiche Gäste aus dem Hochadel.

über Strandkörbe verfügte, die ein Korbmacher aus Rostock namens Bartelmann 1882 erfunden hatte.

Heute gelangt der Gast bequem nach Norderney. Die Eisenbahn fährt in Norddeich bis auf den Molenkopf, dort warten die Fahrgastschiffe der AG Norden Frisia. Es gibt auch Autofähren – allerdings ist das Autofahren auf Norderney nur in beschränktem Maße erlaubt. Im Naturschutzgebiet des Nationalparks Niedersächsisches Wattenmeer, zu welchem 85 Prozent der Inselfläche gehören, haben motorisierte Fahrzeuge nichts zu suchen. So findet der Inselgast große Flächen unberührter Natur, die er auf insgesamt 80 Kilometern mit dem Fahrrad, zu Fuß oder auf dem Rücken eines Pferdes erkunden kann. Die Insel bietet auch im Ort Sehenswürdigkeiten: beispielsweise die einzige Windmühle der Ostfriesischen Inseln, namens „Selden Rüst" („Selten Ruhe"), 1862 erbaut. Oder das 1899 errichtete Kaiser-Wilhelm-Denkmal, für das 75 deutsche Städte Steine stifteten. Inselgeschichte macht das Heimatmuseum lebendig und das Bademuseum dokumentiert die Reise- und Badekultur. In den Dünen befindet sich die Wilhelm-Dorenbusch-Sternwarte, die besichtigt werden kann. Wahrzeichen hat Norderney gleich zwei: der Leuchtturm, auf dessen Spitze 60 Meter über dem Meeresspiegel das Leuchtfeuer blinkt, und das „Kap", ein altes Seezeichen, aus Ziegelsteinen gemauert.

Wer ein Faible für Gesundheit aus dem Meer hat, ist im „badehaus" richtig – Deutschlands größtes Thalassozentrum (Thalasso = gesundheitsfördernde und heilende Behandlung mit kaltem oder temperiertem Meerwasser, mit Meeresluft, Sonne, Algen und Schlick). Übrigens: Die Badesaison startet seit einigen Jahren bereits am 1. Januar. Dann stürzen sich unerschrockene Norderneyer in die Nordsee. Norderney ist – nach Borkum – die mit 26 Quadratkilometern zweitgrößte der Ostfriesischen Inseln und verfügt über 15 Kilometer Sandstrand.

Baltrum

Lübbert R. Haneborger

19 (aus) 23

Als er den Dünenkamm durchschritt, brach die Sonne durch das Wolkendach und zerschnitt mit ihren Strahlen den menschenleeren Strand. In diesem Moment fand Paul Klee keine Augen für das, was andere Zeitgenossen Gestade, Meer und Firmament nennen mochten. Er sah nur die kegelförmigen Lichtbündel, vertiefte sich in klingende Linien und gebrochene Farbflächen und erblickte schließlich alles in einem großen fernen Bild.

Kaum war er drei Schritte gegangen, ließ er sich rücklings in den Dünensand fallen und zog bald feine Bleistiftlinien auf den mitgebrachten Skizzenblock. Diesen neuerlichen Ausdruck der tiefsten Wirkungszusammenhänge der Natur konnte er nicht an sich vorüberziehen lassen. Obwohl er doch mit seiner Lily und dem 15-jährigen Felix eigentlich nur auf die kleine Insel gekommen war, um sich gründlich zu erholen. Von der intensiven Arbeit am „Staatlichen Bauhaus", wo er als „Formmeister" wirkte. Außerdem von der ersten großen Ausstellung zum fünften Geburtstag dieser Weimarer Kunstschule, die als eine Heimstätte der Moderne indes in europäische Weiten hinausstrahlte.

Die Badezeit hier auf der Insel war inzwischen vorüber. Aber es ließ sich nicht ändern, schließlich war der Kalender auf Mitte September vorgerückt und Lily vertrug die schwülen Sommermonate ohnehin nicht. Man schrieb das Jahr 1923 und die galoppierende Inflation trieb immer wildere Blüten. Gauguin war bis nach Tahiti gereist, um Inspiration zu finden, ihm musste Baltrum genügen. Für eine Reise ins Ausland hatte das Geld einfach nicht gereicht, auch wenn

er lieber ans Mittelmeer gefahren wäre. Aber vielleicht im
nächsten Jahr, wer konnte es sagen …

„Ach, hier stecken Sie!", drang plötzlich eine raue Stimme
durch die Meeresbrise und durch seine Gedankenwelt.

***

Der Mann, der all dies vor seinem inneren Auge neu erlebte, wurde 51 Jahre später – der Kalender im Hintergrund
seines Pensionszimmers zeigte „Mai 1974" – jäh von einem
Klopfen seiner Zimmerwirtin aufgeschreckt. Vorsichtig
schob diese die hölzerne Tür über den widerspenstigen Vor-
sprung des Teppichbodens und sah, wie sich der wortkarge
Forscher von seinem provisorischen Schreibtisch erhob. Der
66-jährige Gast aus Japan lächelte versonnen und harrte der
Folgen des unerwarteten Besuches. Seine Zimmerwirtin war
nicht alleine gekommen, zwei amtlich wirkende Herren tra-
ten an ihre Seite, der eine von ihnen gar uniformiert.

„Entschuldigen Sie die Störung, Herr Wada", hob die eigentlich resolute Baltrumerin vorsichtig an und verbeugte
sich. „Dies ist unser Inselpolizist, Herr Hinrichs, und der
andere Herr ist Kriminalhauptkommissar Lütjens vom
Festland. Aus Aurich! – Und die beiden Herren hätten eine
dringende Frage an Sie", orakelte die Pensionsdame.

Der Herr im hellen Mantel trat vor, sagte in korrektem
Hochdeutsch „guten Morgen" und streckte dem japanischen
Gast freundlich die Hand entgegen. Dieser jedoch erwiderte
nicht den Gruß, sondern hielt seine Hände hinter dem Rücken verschränkt und verbeugte sich gegen jeden einzelnen
Besucher. Lütjens sah Hinrichs fragend an und ließ das fremde Ritual auf sich beruhen. Dann hörten beide den Fremden
sagen: „Hajime mashite, äh, sehr erfreut, Sie kennen…zu…
lernen, Lüüütschens-san und Hinrichs-san", ohne dass der
Fremde den beiden direkt ins Gesicht geschaut hätte.

„Tja, äh … das Vergnügen ist ganz auf unserer Seite, Herr Wada!", erwiderte Lütjens scheinbar weltmännisch. „Wir ermitteln in einem Mordfall. Ich weiß nicht, ob Sie schon davon gehört haben. Auf dieser kleinen Insel kochen die Gerüchte ja oft besonders schnell hoch! Äh, Sie verstehen doch, was ich sage?"

„Hai! … Ja, Lüüütschens-san, sprechen Sie ruhig weiter!", sagte Sadao Wada ruhig und ergänzte: „Von einem Mord ist mir nichts bekannt. Ich bin ein Kunst…ge…schicht…ler und forsche hier für ein Buch!"

„Davon haben wir gehört und deshalb sind wir auch zu Ihnen gekommen. Sie verstehen, der Inselfunk! Und bevor wir hier einen anderen Sachverständigen auf die Insel bekommen … Aber einerlei! Wissen Sie, es ist nämlich so: Heute Morgen entdeckte das Zimmermädchen eines größeren Hotels hinter den Müllcontainern eine weibliche Leiche. Das Opfer muss letzte Nacht mit einer Taschenlampe unterwegs gewesen sein. Jedenfalls glomm die Glühbirne der Lampe, die neben ihr lag, noch ganz schwach, als das Zimmermädchen die 25-Jährige entdeckte. Es handelt sich um eine Touristin aus Düsseldorf. Das dürfte Ihnen vielleicht etwas sagen. Soweit mir bekannt ist, gibt es in der Stadt einige japanische Restaurants und auch Banken."

Sadao Wada nickte lächelnd und sagte kurz: „Hai! Aber fahren Sie doch fort!"

„Ja, also", überlegte Lütjens, „diese Sabine Geelhaar aus Düsseldorf, ich meine das Mordopfer, ist ihren schweren Kopfverletzungen erlegen. Es muss da vorher einen Kampf gegeben haben und sie konnte offensichtlich im Schutze der Dunkelheit flüchten. Aber dann haben ihre Kräfte wohl nicht mehr gereicht, um noch den Inselarzt oder meinen Kollegen Hinrichs aufzusuchen."

Der Inselpolizist streckte seinen Rücken, um zu demonstrieren, dass von ihm die Rede sei, aber der Fremde schien ganz Ohr und leeren Auges zu sein.

„Sehen Sie, Herr Wada", fuhr Lütjens fort, „vielleicht war sie auch ganz in Panik und hat sich in der Dunkelheit verirrt. Jedenfalls wohnte sie für die Zeit ihres Inselurlaubs eigentlich in einer Pension im Ostdorf – und das bereits seit über drei Wochen. Wir fragen uns nun also, womit sie hier in all der Zeit beschäftigt war und welches Ziel sie in der letzten Nacht verfolgte. Bei der Vielzahl von Urlaubern ist die Auswahl an Verdächtigen ja nicht gerade klein. Und leider haben wir noch keinen der Angehörigen von Frau Geelhaar in Nordrhein-Westfalen erreicht. Das dauert natürlich immer ein paar Tage, bis die Behördenpost dort eingetroffen ist und entsprechende Maßnahmen veranlasst werden. Außerdem ist ein Unbekannter letzte Nacht in ihr Pensionszimmer eingebrochen, denn außer ihrem Ausweis, den sie bei sich trug, haben wir praktisch kein Schriftstück gefunden. Mit einer Ausnahme … und diese Ausnahme hat uns zu Ihnen geführt. Schließlich sind Sie ja Kunstwissenschaftler und können uns hierzu vielleicht etwas sagen."

Sadao Wada hob interessiert die Augen und Lütjens gab dem Inselpolizisten ein Zeichen.

Hinrichs zog aus seiner Uniformjacke eine Plastiktüte, welcher er ein Farbfoto entnahm. „Diese Fotografie haben wir in ihrer Anoraktasche gefunden", erklärte Hinrichs, „sie zeigt ein abgelichtetes Gemälde, das uns möglicherweise einen Hinweis geben könnte."

Sadao Wada griff nach seiner Lesebrille und nahm das Foto mit dem Wort „Arigatou!" entgegen. Doch die großen Augen, die die Beamten kurz darauf hinter seinen Brillenfenstern erkannten, erschienen alles andere als unverständlich.

„Meine Herren, Sie bringen mir viel Erstaunen! Dieses Foto zeigt ein … Aquarell … und ist auch der Grund meines Hierseins auf der Insel! Ich kenne es als Original."

Lütjens und Hinrichs blickten sich verwundert an und die Zimmerwirtin strahlte.

„Wissen Sie, ich gehe den Spuren des berühmten Malers Paul Klee nach, der 1923 seinen Urlaub hier auf Baltrum verbrachte. Und unter den Bildern, die er hier malte, war auch diese für Klee eher ungewöhnliche … naturnahe Aussicht. Sie zeigt den Blick aus seinem Pensionszimmer auf das rote Nach…bar…haus. Wie ich inzwischen von einer Insu…lane…rin erfahren habe, handelt es sich um das Haus ihrer Familie."

„Und welches Haus soll das sein?", fragte Hinrichs. „Vielleicht eines der älteren im Westdorf?"

„Hai! Es ist das Haus der Familie Graß im Westdorf und wurde als eines der ersten nach der großen Sturmflut von 1825 gebaut. Deshalb trägt es eine sehr kleine Hausnummer, nämlich die 15, und es ist nahe der Inselglocke zu finden! Damals gab es hier wohl kaum mehr als 50 Häuser auf der Insel", gab der Wissenschaftler bereitwillig Auskunft.

„Paul Klee hier auf der Insel? Wussten Sie das, Hinrichs? … Aber was für eine glückliche Fügung, dass wir gerade Sie hier haben! Das hilft uns natürlich sehr weiter, Herr Wada", sagte Lütjens anerkennend, „und erklärt auch, warum das Opfer im Westdorf unterwegs war. Wir werden Haus Nummer 15 umgehend einen Besuch abstatten!"

Deshalb wollten sich die Besucher unmittelbar verabschieden und waren schon im Begriff sich abzuwenden, als Sadao Wada sagte: „Sumimasen, Lüüütschens-san! … Entschuldigen Sie, aber Sie sollten noch einen Augen…blick warten! In meinem Land sagt man: ‚Nachts spiegelt sich der Mond im See, doch im Wasser bleibt keine Spur'."

„Ja?", fragte Lütjens, „und das will heißen?"

„Nun, ich überlege gerade, ob wir uns nicht auch dem Fenster, das uns in Klees Aquarell den Blick auf das rote Haus öffnet, einen Moment zuwenden sollten. Wir haben es alle gesehen, doch es hat in unserer Aufmerksamkeit keine Spur hinterlassen!"

„Ach, Sie meinen", meldete sich jetzt der Inselpolizist wieder zu Wort, „wir sollten auch die Pension nicht vergessen, in der die Familie Klee damals untergekommen ist?"

„Hai!", entgegnete der Japaner zustimmend und erklärte dann: „Von dem Sohn Felix Klee und der Insulanerin habe ich den Namen gehört, ich habe ihn nur noch nicht nachgeprüft, ich bin ja erst zwei Tage hier." Wada ging zu seinem Schreibtisch und wühlte in seinen Aufzeichnungen. Dann sagte er: „Felix Klee nannte ihn ‚Kapitän Küpper' oder ‚Küppers', er war sich nicht ganz sicher!"

Lütjens bedankte sich ein weiteres Mal für die sachdienlichen Hinweise und begab sich dann mit Hinrichs zurück auf den Fußweg und an die weiteren Ermittlungen.

„Der Japaner weiß ziemlich viel", urteilte Hinrichs wenig später vieldeutig, „und er ist wie die Tote auf den Spuren von Paul Klee!"

Lütjens dachte über die Bemerkung nach, während beide in Richtung Inselglocke liefen.

Unweit von ihnen fragte sich Sadao Wada derweil, ob auch Sabine Geelhaar vorgehabt hatte, einen Aufsatz über den berühmten Baltrumbesucher zu schreiben. Bei diesem Gedanken verlor er sich aber bald wieder in die Vergangenheit und kehrte zurück an den Strand und damit zurück in das Jahr 1923.

***

Der Ausruf, der an das Ohr von Paul Klee gedrungen war, stammte von einem der wenigen Inselbewohner, die er bereits kannte.

„Kapitän Küpper!", rief er überrascht aus, als er seinen Vermieter erblickte. „Was hat denn Sie zu mir verschlagen?"

„Ich wollte noch mal nach dem Sanddorn gucken und
ein paar Früchte sammeln. Der nächste Winter kommt bestimmt und so ein steviger Grog von den kleinen Beeren is'
nicht zu verachten! … Aber eigentlich soll ich Ihnen von
Ihrer Frau sagen, dass Sie ja das Essen nicht vergessen! Sie
wollte eigentlich Ihren Felix schicken, aber der ist weggelau-
fen und wohl angeln. Er hatte mich noch gefragt, ob Garne-
len oder Knurrhahn einen besseren Köder abgeben."

Paul Klee blickte auf seine Armbanduhr und sagte: „Dan-
ke Ihnen, Küpper! Ich hätte es schon nicht vergessen. Meine
liebe Lily macht sich immer so viele Gedanken!"

Aber der Käpt'n schien noch etwas anderes auf dem Herzen zu haben und so fragte ihn Klee unvermittelt: „Ist sonst
noch was, Kapitän?"

Doch Küpper wirkte verlegen und blickte auf den kleinen
Block, den Klee unter den Arm geklemmt hatte.

„Ach, ich weiß nicht recht, Herr Klee. Aber ich habe vor-
hin in Ihrem Zimmer, bei Ihrer Frau, schon diese bunten
Bilder bewundert, die Sie malen. So hab ich unser kleines
Baltrum noch nie gesehen, wirklich ganz außerordentlich …
und, na ja, Ihre Frau sagte, dass Sie darin ein wahrer Meister
sind und schon ziemlich, na, wie soll ich sagen … angesehen! Nun, da wir keine anderen Gäste hier haben, wegen der
Geldentwertung, kommt denn doch glatt ein so berühmter
Mann", formulierte Küpper ungelenk. „Ich meine, unsereins
versteht ja nichts von so neumodischem Kram, äh, Verzei-
hung, von so modernen Dingen!"

Paul Klee lächelte und dachte an die letzten Schweizer
Franken, die für diesen Urlaub durch seine Hände rieselten.
Dann sagte er beschwichtigend: „Ach, wissen Sie, Kapitän,
ich habe vielleicht nur eine eigene und neue Sicht auf die
Natur entwickelt. Das ist schon alles. Ich habe darüber kürz-
lich einen Aufsatz geschrieben. Er heißt ‚Wege des Natur-
studiums' und ich schicke Ihnen gerne mal ein Exemplar,

wenn wir wieder in Weimar sind. Auf dem Rückweg werden wir aber auch noch einen Abstecher nach Hannover machen, wo ich meinen Kollegen Kurt Schwitters treffe. Es wird also noch etwas dauern."

„Das wäre sehr freundlich von Ihnen, Herr Klee", sagte der Kapitän und verabschiedete sich mit den Worten: „Also denn, nichts für ungut und noch eine schöne Zeit bei uns!"

Als er davonzog, dachte er schon nicht mehr an den Aufsatz, sondern daran, wie er die Berühmtheit des Malers noch auf ganz andere Weise nutzen könnte. Schließlich litt man ja auch persönlich, wo sich die Reichsmark täglich mehr in schwindelerregende Milliardenhöhen verstieg.

Paul Klee beendete derweil in Ruhe seine Skizze und genoss das raue und unwirtliche Eiland von Stunde zu Stunde mehr. Fast jeden Tag ging er nun mit Felix an den Strand und wanderte durch die mit Strandhafer bewachsenen Inseldünen. Strandhafer, den er und sein Sohn als „bizarres Dünengras" ansahen und eingehend studierten. Auch anderen Elementen der Natur ging Klee forschend auf den Grund und sammelte Muschelschalen, Seetang oder Eindrücke von niederem Seegetier, um sich von deren Formen zu neuen Bildern inspirieren zu lassen. Und gelegentlich hielten der Vater und sein Sohn ihre Eindrücke schon gleich hier auf der Insel in expressiven Bleistiftlinien und Aquarellfarben fest.

***

Knapp 51 Jahre später wollte sich auch der japanische Kunstexperte ein eigenes Bild von Ostfrieslands kleinstem Eiland machen. Von Baltrum hatte Paul Klee wohl über den Braunschweiger Sammler Otto Ralfs erfahren, so viel wusste er inzwischen. Aber ihn interessierte nicht nur das Geschichtliche, sondern auch das Natürliche und wie es der

Maler in seinen sogenannten „Nordseebildern" eingefangen hatte. Zum Teil sogar mit der Insel Langeoog im Hintergrund. Sadao Wada konnte sich das alles auch heute noch gut vorstellen. Der Strand war für Klee wie eine leere Bühne gewesen und der Maler auf ihr wie ein Kind, das sich am Wechselspiel der Elemente ergötzte. Die Meeresbrise hatte ihm Erholung und zugleich neue Inspiration gebracht.

So hatte der japanische Biograph schon einen längeren Inselspaziergang hinter sich, als er vor seiner Pension von seiner schwatzhaften Vermieterin abgefangen wurde. „Herr Wada", sagte sie aufgeregt, „die Polizei ist wieder da, sie warten schon seit einer Viertelstunde in Ihrem Zimmer!"

Sadao Wada, der nicht wusste, ob er diesen Eingriff in seine Privatsphäre kommentieren sollte, bedankte sich und stieg gemächlich die Treppe hinauf. Oben angekommen, wurde er überschwänglich von Lütjens und Hinrichs empfangen.

„Lieber Herr Wada", begann Lütjens wohlgelaunt, „Ihre Hinweise haben uns wirklich sehr geholfen, aber wir benötigen noch einmal Ihren Sachverstand!"

Sadao Wada war verständlicherweise nicht uninteressiert zu hören, was es mit dem Aquarell und dem Todesfall auf sich hatte, denn von den Insulanern hatte er seit gestern keine wesentlichen Neuigkeiten aufgeschnappt.

„Es ist nämlich so, dass unser Kollege Hinrichs mit dem Vater des Opfers telefonieren konnte. Von diesem erfuhren wir, dass dessen Tochter Sabine, die für die Kunstsammlung Nordrhein-Westfalen tätig war, ihren gesamten Jahresurlaub auf der Insel verbringen wollte, um – wie Sie – Klees Aufenthalt im Jahre 1923 nachzuforschen. Dabei ist sie auch auf den Sohn von Klees ehemaligem Vermieter Küpper gestoßen und hat diesen um nachgelassene Briefe, Tagebücher und ähnliches gebeten. Sie hat alles abfotografiert und die Bilder in ihrem Zimmer selbst entwickelt. Und auf den Fotos habe sie, wie ihr Vater berichtete, einen Hinweis darauf erhalten, dass der Kapitän einige der Bilder aus dem Pensionszimmer an sich genommen und versteckt habe – um sie später zu Geld zu machen. Und sie habe gesagt, der Kapitän habe aber wohl ein schlechtes Gewissen bekommen und die Bilder nie wieder aus dem Versteck genommen!"

„Das wäre ja eine Sen…sa…tion", erwiderte Herr Wada überrascht und seine neugierige Zimmerwirtin ergänzte bedeutungsschwanger: „Wo Sie es jetzt sagen, von einem berühmten Maler und einem Bilderversteck habe ich früher auch schon mal gehört!"

„Warten Sie ab, es wird noch besser!", setzte Lütjens seinen Bericht fort. „In einem Tagebucheintrag hat sie schließlich den Hinweis gefunden, dass der Schlüssel zu dem Versteck in dem Aquarell schlummere, das sie als Foto bei sich trug."

Der japanische Wissenschaftler lächelte.

„Ja, aber in dem Graß'schen Haus haben wir nichts gefunden", ergänzte Hinrichs. „Dann jedoch wollten wir uns das andere Haus im Bild, das Pensionshaus, ansehen und stellten fest, dass es der Besitzer fluchtartig verlassen hatte. Und an der Rückseite des Hauses fanden wir wiederum Einbruchsspuren – diesmal jedoch von Sabine Geelhaar selbst! Sie vermutete die Bilder wahrscheinlich im Haus des Kapitäns!"

„Richtig, Hinrichs, und es war ein genialer Einfall von Ihnen, gleich die Kollegen in den Küstenorten um Verstärkung zu bitten. Denn diese griffen wenig später tatsächlich Andreas Küpper in einem Ruderboot am Hafen von Neßmersiel auf. Und bei sich führte er eine Mappe mit mehreren Gemälden auf Papier!", fügte Lütjens hinzu. „Wir haben den Verdächtigen dann zurück auf die Insel und in sein Elternhaus gebracht, Vater und Mutter leben ja nicht mehr. Und nach einigen Ausflüchten hat er uns alles gestanden und schließlich auch zu dem Versteck geführt, das Sabine Geelhaar in der Tatnacht mit einem Schraubenzieher geöffnet hatte, während er zunächst noch schlief. Die Bildermappe befand sich übrigens hinter einer hölzernen Konsole unterhalb des Fensters, das Klee damals malte. Also gewissermaßen in seinem Pensionszimmer und wie im Bild zu sehen!"

Der japanische Gelehrte nickte anerkennend und gleichermaßen stolz auf seine eigene Hellsichtigkeit.

„Aber Küpper ist wach geworden", berichtete Lütjens weiter, „und er hat die Einbrecherin, die er ja kannte, auf frischer Tat ertappt und zur Rede gestellt. Den Diebstahl konnte und wollte er nicht zulassen – und witterte wohl auch das große Geld, als sie ihm alles gestand. Dann kam es zu einem Handgemenge und einem wahren Kampf, bei dem sie schließlich von der Treppe stürzte. Vorher war die Mappe aufgesprungen und die darin befindlichen Blätter zu Boden gefallen. Von einem der Blätter hatte Sabine Geelhaar eine Ecke abgerissen. Diese Ecke war unter einem Sofa gelandet und von Küpper offenbar unentdeckt geblieben. Wir fanden das fehlende Stück vor einer Stunde. Nach ihrem Sturz konnte sich Sabine Geelhaar wieder aufraffen und in die Dunkelheit flüchten. Um seine Tat zu vertuschen, brach Küpper noch in der gleichen Nacht in die Pension des Opfers ein und entwendete all ihre Aufzeichnungen und Fotos. Er wusste aus ihren Gesprächen, wo die Geelhaar untergekommen war. Und heute Nachmittag wollte er schließlich mit der Mappe zum Festland flüchten. … Bis auf die abgerissene Ecke sind noch alle sieben Aquarelle ganz. Hinrichs, …"

Inselpolizist Hinrichs nahm die Sammelmappe, die auf dem Schreibtisch von Herrn Wada lag, und zeigte dem Kunsthistoriker anschließend Blatt für Blatt.

„Was sagen Sie nun, Herr Wada. Diese unbekannten Arbeiten Paul Klees sind sicher Zehntausende wert … oder was meinen Sie?", triumphierte Lütjens.

Doch Sadao Wada betrachtete die Aquarelle eingehend mit einer Lupe und schüttelte schließlich den Kopf.

„Da muss ich Sie leider enttäuschen, Lüüütschens-san! In meinem Land sagt man: ‚Sobald der Mensch in Zorn gerät, gerät er in Irrtum'! … Und diese Baltrumer Legende beruht auch auf einem Irrtum. Vielleicht hat Kapitän Küpper ein paar Aquarelle von dem berühmten Künstler gestohlen und sie hinter der Wand versteckt. Aber er hatte Pech: Denn diese Aquarelle hier stammen sicher ‚nur' von seinem Sohn Felix! Sie müssen wissen, meine Herren, Paul Klee war sehr professionell und von sich selbst auch sehr überzeugt. In der Zeit, wo er auf Baltrum weilte, wuchs sein Ruhm bereits weit über seine eigene Weimarer Insel hinaus. Und er systematisierte und nummerierte jedes einzelne Bild, das er malte. So wie das ‚Köchel…ver…zeichnis' für die Kompo…si…tionen von Wolfgang Ama…de…us Mo…zart. Nur, dass es hier der Künstler selber war, der das Verzeichnis führte! Paul Klee hat 264 Werke für das Jahr 1923 verzeichnet, das Jahr, in dem er hier auf der Insel war. Es gibt keines mehr und keines weniger. Sehen Sie, meine Herren, und es hat in Wirklichkeit immer nur die bekannten 19 Baltrumer Ansichten gegeben. 19 mal Baltrum, gemalt im 23. Jahr unseres Jahrhunderts. Also 19 aus 23 oder 19 … 23!"

Epilog
Tatsächlich besuchte der Weimarer Bauhauslehrer Paul Klee (1879 –1940) mit seiner Frau, der Pianistin Lily Stumpf (1876 –1946), und ihrem einzigen Kind Felix (1907 –1990) ab Mitte September 1923 für drei Wochen die kleinste der ostfriesischen Ferieninseln. Über Hannover, Bremen und Oldenburg gelangte die Künstlerfamilie nach Dornum, von wo aus sie mit einer Kutsche nach Neßmersiel weiterreiste. Mit einem motorisierten Segelboot setzte man schließlich

zur Insel Baltrum über, wo Paul Klee mit Frau und Sohn wegen der grassierenden Inflation die einzigen Kurgäste waren. Als „Nordseebilder" wurden später die 16 Aquarelle und drei Zeichnungen bekannt, die Klee auf Baltrum schuf. Innerhalb des 14 Stilepochen zählenden Gesamtwerkes von insgesamt rund 9000 Arbeiten deutete Sohn Felix die Baltrum-Bilder – zusammen mit jenen der Sizilienreise von 1924 – späterhin als eigene Stilepoche.

Das Zimmer der Klees auf Baltrum lag vermutlich im Hotel oder der Pension Küper, denn in ihren eigenen Erinnerungen nennen sie den Eigner ihrer Unterkunft tatsächlich wiederholt „Kaptiän Küpper". Bereits während seiner Wehrdienstzeit war der in Bern geborene Künstler, der seit 1906 in München lebte, zufällig an die Nordseeküste gelangt und dabei unter anderem in Norddeich und Cuxhaven gewesen.

Im Mai 1974 folgte der japanische Kunstwissenschaftler Sadao Wada auf Baltrum den Spuren Klees, während er an seinem Buch „Paul Klee and his travels" arbeitete, das 1979 erschien. Dass er dabei zur Klärung eines Mordfalles und eines alten Diebstahls beitrug, entspringt genauso meiner Fantasie wie die Legende um weitere versteckte Baltrum-Bilder Paul Klees.

Verbürgt ist jedoch der Ausspruch Paul Klees: „Die Bilder, die mein kleiner Felix gemalt hat, sind bessere Bilder als die meinen." Und Felix Klee ist, kaum vierzehnjährig, im Wintersemester 1921–22 wirklich der jüngste Schüler der Weimarer Gesamtkunstschule gewesen.

Baltrum
Landkreis Aurich

Jene Gäste, die immer wiederkommen, wissen es längst: Baltrum ist das selbsterklärte Dornröschen der Nordsee; dergestalt, dass das ganze Jahr über nur so viel passiert, dass die Ruhe nicht gestört wird. Ein Naturschauspiel, das diese Beständigkeit bewahrt, ist die Tide – die Gezeiten bestimmen, wann die Schiffe auf der kleinsten der Ostfriesischen Inseln ankommen und wieder ablegen. Dass sich der Baltrumer mit seiner Heimat identifiziert, ist auch naturgegeben – das Heimatmuseum „Altes Zollhaus" birgt deshalb so man-

Links: Auf Ostfrieslands kleinstem Eiland, auf dem rund 560 Insulaner leben, finden sich noch einige alte Fischerhäuser. Oben: Aussichtspunkt am Westkopf der Insel.

ches spannende Kapitel aus der Historie des Eilandes. So wie die Geschichte von Tjark Ulrich Honken Evers, dessen Schicksal mit wenigen, aber eindrucksvollen Exponaten im Museum offenkundig wird. Am Tag vor Heilig Abend 1866 hatte sich der Seefahrtschüler von Westeraccumersiel nach Baltrum übersetzen lassen, um zu Hause mit seiner Familie Weihnachten zu feiern. Doch der Schiffer hatte ihn im dichten Nebel versehentlich auf einer Sandbank abgesetzt und so hatte der 21-Jährige mit der steigenden Flut den Tod vor

Der Anleger auf Baltrum. Die kleinste der Ostfriesischen Inseln ist vom Hafen Neßmersiel aus erreichbar – die Fähren fahren tideabhängig.

Seehunde haben viele Tummelplätze im Weltnaturerbe Wattenmeer.

Augen. In seiner Not hinterließ Tjark in seinem Notizbuch Abschiedsworte an seine Eltern und Geschwister, legte das Büchlein mit dem Bleistift in eine Zigarrenkiste und knotete diese in sein Halstuch. „Gott gebe, dass ihr diese Zeilen von meiner Hand erhaltet", hatte er geschrieben und tatsächlich: Das kleine Bündel wurde wenig später am Strand von Wangerooge gefunden und gelangte so zu seiner Familie; Tjarks Leichnam wurde nie gefunden.

Dass das „Heimatmuseum Altes Zollhaus" in zweifacher Hinsicht zum musealen Schauplatz der Insel avanciert ist, ist ein Verdienst des Heimatvereins. Dessen Mitglieder haben nicht nur ein historisch bedeutsames Gebäude erhalten und aufwendig umgestaltet, sondern darin auch der Vergangenheit Raum geboten. Jenen Jahrhunderten, die vom Meer bewegt waren, weil Baltrum allzu oft dem Blanken Hans ausgesetzt war. Noch im 17. Jahrhundert war die Insel nach

Westen um vier Kilometer länger, und wie stark sie von Wind
und Wellen geformt worden ist, wird nicht zuletzt dadurch
deutlich, dass Baltrums ältestes Gotteshaus einst auf dem
heutigen Ostende von Norderney gestanden haben muss.

Dass das ehrenamtliche Projekt „Altes Zollhaus" gelungen
ist, geht sicherlich auch darauf zurück, dass in dem sogenannten „Bummert" zeitweise eine Schwesternstation unter-
gebracht war, in der mancher Insulaner das Licht der Welt
erblickt hat. Ein Traditionsbewusstsein, das die Baltrumer
ebenfalls mit ihrer Alten Inselkirche verbindet. Das kleine
Gotteshaus ist das zweitälteste der Ostfriesischen Inseln und
Mittelpunkt des Dorfes. Es entstand 1826 – ein Jahr nachdem die „Februarflut" über das kleine Eiland hereingebro-
chen war. Die Insulaner lebten seinerzeit unter kärglichen
Bedingungen und so erscheint auch der kleine Kirchenraum,
der 50 Gläubigen Platz bietet. Auch der hölzerne Glo-
ckenturm nebenan mutet bescheiden an, wenngleich er das
Wahrzeichen der Insel birgt: die Glocke eines holländischen
Segelschiffs. Diese Glocke, die einst am Strand von Baltrum
angespült worden ist, findet sich auch im Wappen der Insel wieder und ist Titel einer Gästezeitschrift, die während
der Saison vom Heimatverein herausgebracht wird. Die Alte
Inselkirche wird heute gelegentlich für Andachten, Taufen
oder Trauungen genutzt sowie für kulturelle Veranstaltun-
gen; das aktive Gemeindeleben findet in der evangelisch-
lutherischen Kirche beziehungsweise in der katholischen
Kirche statt, die dem heiligen Nikolaus geweiht ist.

Übers Jahr kommen 30 000 Besucher auf die Insel – die
Fährfahrt von Neßmersiel dauert nur eine halbe Stunde;
kleine Flugzeuge starten von Harlesiel aus. Selbst eine Wan-
derung über den Meeresboden ist möglich, um nach Baltrum zu gelangen: bei Ebbe und mit einem erfahrenen Watt-
führer von Neßmersiel aus, die Tour dauert etwa eineinhalb
Stunden. Das Eiland, das 1398 erstmals als „Balteringe"

Ein einzigartiges Erlebnis: eine Wattwanderung nach Baltrum.

Erwähnung fand, wurde ab 1876 „Seebad" genannt und ist seit 1966 staatlich anerkanntes Nordseeheilbad. Der Reiz Baltrums liegt in seiner Beschaulichkeit, die sich auf einer Fläche von 6,5 Quadratkilometern erstreckt und knapp 500 Bewohnern im Westdorf oder im Ostdorf ein Zuhause ist. Dazu passt, dass es die Insulaner gelassen nehmen, wenn sie damit geneckt werden, dass ihre Insel den Namen „Baltrum" trägt, weil man auf ihr „bald rum" sei. Einen Fahrradverleih und auch Straßennamen sucht man vergebens – der Postbote und alle anderen orientieren sich nach den Hausnummern, wovon es etwa 300 gibt. Neben dem Heimatmuseum, der Alten Inselkirche, dem Nationalparkhaus gibt es auch den Gezeitenpfad zu entdecken – er verspricht ein Erlebnis für Augen und Ohren, denn eine Vielzahl seltener Seevögel schnäbelt über die Insel und ihre Dünen, die Salzwiesen und das angrenzende Weltnaturerbe Wattenmeer.

Langeoog

Silke Arends

Und dann sang Lale

Der Zapfenstreich verklang und Lale Andersen begann schmeichelnd mit der ersten Strophe ihres Liedes. Unzählige Männer in Uniform hatten es gesummt oder lauthals gesungen. Im eisigen Winter von Stalingrad, im Frühling auf den Champs-Elysées, an lauen Sommerabenden auf dem Balkan, in der Wüstenhitze von Afrika. Soldaten, die mit unausgesprochener Angst sangen und mit unverhohlener Zuversicht, wohl wissend, dass jeder Takt der letzte sein könnte, dass es unentwegt um ihr Leben ging.

Der Wind von See frischte auf und ließ die offene Ladentür in der Kirchstraße knarren. Lale Andersens Hingabe, die sehnsuchtsvoll durch den Trichter des alten Grammophons bis auf den Gehweg drang, war indessen in der finalen Strophe angekommen. Wieder war der Zapfenstreich zu hören, noch einmal ertönte der Soldatenchor. Dann glitt die Nadel in die Leerspur des tiefschwarzen Schellacks; was blieb, war das Surren und Knacken des betagten Tonträgers. Der alte Mann auf dem zerfaserten Linoleum des heruntergekommenen Trödelladens hatte indessen seinen letzten Atemzug getan. Ein blutroter Fluss mäanderte um seinen zerklüfteten Hals.

Er hieß Karl. Die Langeooger hatten keinen Namen für ihn, also keinen jener Insel-Kosenamen, der Karl als einen von ihnen ausgezeichnet hätte. Dabei war er freundlich, durchaus umgänglich. Karl war für sie von jeher Karl – und blieb es. Denn Karl, so wusste jeder, ohne dass darüber gesprochen wurde, wollte es so. Er war eines Tages auf die Insel gekommen und hatte nach Arbeit gefragt. Das war 1951, als der

Militäranleger zur neuen Landungsbrücke der Inselbahn umgebaut worden war. Er hatte im Arbeitstrupp geschuftet und war über viele Jahre bei der Inselbahn geblieben. Und dann, von einem Tag auf den anderen, hatte er einen kleinen Laden in der Kirchstraße eröffnet. „Ich war nie Trittbrettfahrer", antwortete Karl jedem, der den Grund dafür wissen wollte. Um mit Nachdruck zu konstatieren: „Es ist an der Zeit. Ich verkaufe mein Leben!" Dass in der Folge sein rechtes Augenlid zu flattern begann, ja geradezu im Stakkato zuckte, stand in keinem Verhältnis zur Tragweite seiner Äußerung. Das Zucken war vielmehr zwanghaft, setzte immer dann ein, sobald Karl in die Augen eines Gegenübers blickte.

Karls Laden, in dem er also sein Leben feilbot, war zuvor die Veranda seines kleinen Hauses gewesen. Er hatte das Gelass mit Fensterscheiben verkleidet und Regale darin aufgebaut. Nach und nach hatten sich die Bretter gefüllt und schließlich hatte ein solches Sammelsurium den Raum eingenommen, dass fortan keiner den Weg durch die Kirchstraße machte, ohne in das Schaufenster zu gucken. Wenn Kinder in den Laden lugten, kam Karl vor die Tür und verteilte Bonbons. Kamen Feriengäste, bat er sie beflissen, aber ohne viele Worte zu machen, herein. Drinnen erwartete die Besucher ein Kabinett mit Kuriositäten. Bücher gab es zuhauf, Zinnsoldaten paradierten neben alten Flaschen, Vasen, Kannen, Gläsern, zinnernen Aschenbechern und Kerzenleuchtern; dazu gesellte sich allerlei Silbergerät, das vor langer Zeit das letzte Mal geglänzt hatte und somit im Gemenge des Nippes und verblichenen Zierrats kaum mehr Eindruck machte; auf wenigen Bügeln waren von Motten zerfressene Uniformjacken drapiert, in Kartons stapelten sich vergilbte Magazine, in einer ausladenden Hutschachtel historische Ansichtskarten und Feldpostbriefe.

Dort, wo ein wenig Tapete zwischen den Wandbrettern hervorschimmerte, hingen Impressionen von Landschaften und Stillleben auf müden Leinwänden – sie hatten wenigstens ein Menschenalter überdauert, der Staub hatte ein Übriges getan. Ein Gemälde stach hervor. Es zeigte ein Bergdorf mit prachtvollem Wolkenaufbau – eine Idylle in Öl, großformatig entworfen, in sanften wie schwärmerischen Farben komponiert; offenbar hatte der Künstler seine Heimat in Szene gesetzt. Karl hatte das Bild an exponierter Stelle aufgehängt. Jeder, der den Laden betrat, konnte nicht umhin, es sogleich in Augenschein zu nehmen. Jene impulsive Aufmerksamkeit kam diesem Exponat wohl auch deshalb zu, weil das Gemälde samt seinem goldfarbenen, massiven Rahmen das Einzige in diesem Raum zu sein schien, das nicht mit feinen Spinnweben besetzt war.

Darunter thronte Karls Grammophon. Und daneben sein Sessel, das einst so feine Polster fadenscheinig wie verblichen, der Federkern durchgesessen. Hier verbrachte Karl seine Tage und seine Nächte – so zumindest vermuteten es die Insulaner, denn nächtens brannte fortwährend das spärliche Licht einer Stehlampe, die neben seinem Sessel aufragte und so ein bizarr anmutendes Szenario hinter der trüben Fensterscheibe ausleuchtete. Es waren auch jene Abende und Nächte, in denen das Grammophon zu hören war. Karl verfügte über eine Sammlung von Schellack-Platten, die er wie Reliquien achtete. Demjenigen, der Interesse daran zeigte, verriet er, dass einige Unikate darunter seien und seltene Pressungen, somit unerschwingliche Raritäten. Zu seinem abendlichen Repertoire, das Karl mit sich alleine genoss, gehörte vor allem Musik der 1930er-Jahre; beschwingte Weisen, welche in ihm im Nu Erinnerungen an seine Tanzstunden wachriefen – Melodien, gesungen von Zarah Leander, Lilian Harvey, Willy Fritsch und Johannes Heesters. Lieder, die facettenreich in Liebe, Träumen und Sehnsüchten schwelgten und die den abendlichen Spaziergängern, die das kleine Ladengeschäft passierten, wie Kusshände aus einer rosigen Vergangenheit vorkommen mussten – mal heiter, mal melancholisch und längst verweht.

So auch die Melodie „Drei rote Rosen", gesungen von Lale Andersen – eine Vertonung des Hamburger Schriftstellers Hans Leip, die A-Seite einer Schellack-Platte von 1939. Auf der B-Seite sang die Andersen das „Lied eines jungen Wachtpostens" – das Lied von „Lili Marleen". Seinerzeit waren von dieser Platte, die vier Wochen vor Ausbruch des Zweiten Weltkrieges von Electrola herausgebracht worden war, nur 700 Stück verkauft worden. Karl hatte sich sein Exemplar in Berlin gekauft. Gleich nach Erscheinen und an jenem Tag, als er sich freiwillig gemeldet hatte – wie sein Vater wollte er die Offizierslaufbahn einschlagen. Das alles lag Jahrzehnte zurück, doch seit damals beschloss Karl mit „Lili Marleen" sein allabendliches musikalisches Programm – routiniert drehte er die Kurbel des Grammophons, setzte hernach behutsam die Nadel auf das schwarze Rund, dabei jedwede Gefühlsregung ignorierend und ungeachtet all der Geschichten, die das Lied seit seiner Verbreitung begleitet hatten, kam das einem Ritual gleich.

Es war der Wehrmacht-Soldatensender „Radio Belgrad", der „Lili Marleen" im zweiten Jahr des Zweiten Weltkrieges auf eine einzigartige Reise geschickt hatte; eine kriegerische Tournee, die alle Schützengräben erobern sollte. Ab Ende April 1941 spielte „Radio Belgrad" zum täglichen Programmschluss jenes sentimentale Lied mit dem Zapfenstreich-Signal, in dem Lale Andersen von Abschied, Trennung und ungewisser Heimkehr sang – und die Soldaten aller Frontabschnitte in Europa und im nordafrikanischen Kriegsgebiet sangen mit. Bataillone von Männern in Uniform träumten von daheim – auf beiden Seiten der Front. Auf Sizilien entstand eine italienische Version und fand Verbreitung, die BBC sendete trotz

Protesten eine englischsprachige. Letztere gelangte auch in die Vereinigten Staaten und Kanada. Ohne Anschrift schickte mancher Soldat seiner „Lili Marleen" einen Brief – und „Radio Belgrad" schickte die Botschaften über den Äther. Der Feind hörte mit. Und wenn „Lili" sang, schwiegen die Waffen.

Der Durchbruch von „Lili Marleen", jenem Lied, das nach seinem Erscheinen in Vergessenheit geraten war, glich einem Husarenstreich, denn es entwickelte eine ungeahnte Dynamik: Mit Flugblättern appellierten die Sowjets an deutsche Soldaten, zu ihrer „Lili Marleen" zurückzukehren; der englische Rundfunk forderte dazu auf, Hitler an „Lili Marleens" Laterne aufzuhängen und ein kanadisches Regiment wählte den Schlager zum Parademarsch. Der Ruhm wurde Lale Andersen zum Verhängnis, als Reichspropagandaminister Joseph Goebbels das Lied samt Text als „morbid und depressiv", mithin als „wehrkraftzersetzend" bezeichnete. Auch geriet die Sängerin in die Kritik, weil sie sich bei einem Propagandabesuch im Warschauer Ghetto im April 1942 dem Protokoll widersetzt hatte. Obendrein ohrfeigte sie Hans Hinkel, den Vizepräsidenten der Reichskulturkammer – er war zudringlich geworden.

Im Oktober desselben Jahres wurde Lale Andersen festgenommen. Es hieß, sie habe Kontakte zu jüdischen Emigranten, ein Auftritts- und Reiseverbot wurde verhängt. Aus Angst vor weiteren Repressalien, es drohte ihr das Konzentrationslager, schluckte die Künstlerin Schlaftabletten. Sie überlebte. Mitte 1943 kehrte Ruhe ein. Lale Andersen durfte wieder auftreten – denn als Interpretin von „Lili Marleen" stand sie wie keine andere Frau in der Weltöffentlichkeit und ihr Schlager war zum populärsten Lied des Zweiten Weltkrieges avanciert.

Als Karl 1951 nach Langeoog kam, war Lale Andersen regelmäßig zu Gast auf der Insel. Die Sängerin, die im wirklichen Leben Liese-Lotte Berta Helene Bunnenberg hieß, war erstmals im Februar 1945 nach Langeoog gereist. Dort erlebte sie die Kapitulation und die kanadische Besatzung. Die Frau, deren Lied von „Lili Marleen" um die Welt gegangen war, sang für die deutschen und kanadischen Verwundeten auf dem Eiland und bekam dafür von den Besatzern die Baracke „Sonne" geschenkt. An ihrer Stelle entstand das Anwesen „Sonnenhof"; ein Refugium an der Nordsee, in dem sich die Künstlerin von ihren Gastspielen erholte. Das Haus war zugleich eine Gästepension, in der Prominente wie Trude Herr oder Heinz Erhardt logierten. In den 13 Jahren, in denen Lale Andersen immer mal wieder auf der Insel weilte und gelegentlich kleine Konzerte in der Strandhalle gab, begegnete Karl ihr wenige Male und nur zufällig.

So wie im Mai 1972 anlässlich der Taufe der „Lili Marleen", des neuen Fährschiffs der Langeooger Inselreederei. Nur drei Monate später verstarb Lale Andersen. Ihre Urne kam aus Wien nach Langeoog, ihre letzte Ruhestätte wurde der Dünenfriedhof – in unmittelbarer Nähe zu ihrem „Sonnenhof". Der Dünenfriedhof war ein Ort, an dem Karl, der in all den Jahren selten woanders als bei der Arbeit oder späterhin in seinem Laden gesehen wurde, häufig verweilte. Die Langeooger nickten ihm zu, wenn sie ihn auf einer der Ruhebänke sitzen sahen. Er schien ein jedes Mal in Gedanken verloren, erzählte man sich im Dorf.

Der Friedhof war im Sommer 1940 angelegt worden, da der Kirchhof keinen Platz mehr geboten hatte. Die ersten Toten, die dort beigesetzt wurden, waren zwölf angetriebene Leichen, denen die Weltenschlacht weitere folgen ließ. In ihrem Verlauf kamen auch Flüchtlinge auf die Insel und fanden einen heimatfernen Tod. Lange blieb der von Dünen eingerahmte Flecken Erde ein Provisorium, erst nach Ende des Krieges wurde daraus eine Ruhestätte. Wiederum Jahre später kam das Gedenken und man widmete den Gefallenen und Vermissten des Zweiten Weltkrieges am Volkstrauertag 1959 ein Ehrenmal; darin eingemauert ein Messingkasten mit einem Buch und darin die Namen der Opfer. Karl richtete an jenem nebligen Novembersonntag und an allen Volkstrauertagen, die diesem folgen sollten, penibel die seidenen Schleifen der Kränze.

Ratko war zwölf Jahre alt, als sein Dorf in den Kozara-Bergen in Nordwestbosnien, der Region um Prijedor und Omarska, überfallen worden war. Der kroatische Geheimbund Ustascha und die deutsche Wehrmacht, die im Kampf gegen Partisanen serbische Dörfer kontrollierten und nach Sympathisanten suchten, löschten innerhalb weniger Stunden das Leben in diesem beschaulichen Erdenwinkel aus. Es war ein früher Abend im Sommer 1942 gewesen. Die Kinder hatten ausgelassen am großen Brunnen gespielt – belächelt von den Alten, die im Schatten der Bäume saßen und schwadronierten. Die Frauen waren in den Häusern und bereiteten das Essen. Sie kamen aus dem Hinterhalt. In blinder Hast, angeführt von einem jungen Wehrmachtsleutnant, holten die Soldaten die Frauen aus den Häusern und trieben sie mit den Alten zusammen. Die Kinder hatten sich abseits zu sammeln. Nach ihren Männern und Söhnen befragt, schwiegen die Bewohner. Auch, als einige Uniformierte begannen, nach den jungen Mädchen zu greifen und sie in eines der nächstgelegenen Häuser zu zerren. In das Gewimmer und Geschrei der Mädchen mischte sich das Gebrüll ihrer Peiniger. Erste Schüsse fielen, dann folgten Salven. Ratko blickte hinüber zu seinem Großvater und sah ihn stürzen, tödlich getroffen; ebenso seine Großmutter, Mutter und deren vier Schwestern, seine Tanten. Der Platz um den Brunnen färbte sich rot – so wie die Sonne, die später an diesem Sommerabend besonders leuchtend untergehen sollte. Ratko drückte die Hand seiner kleinen

Schwester und umschloss ihre Fingerchen derart fest, dass sie, die nicht verstand, was passierte, leise zu greinen begann. Dann bemerkte er die ersten Flammen. Mit lässigen Schritten verschwand der Leutnant im Haus seines Großvaters. Als der Deutsche beschwingt wieder herauskam, trug er mehrere Flaschen Wein unter dem Arm und jenes Gemälde, das Ratkos Großvater als junger Mann für seine zukünftige Frau gemalt hatte. Der Fremde hatte die Leinwand aus dem Rahmen gerissen – eine ebenso kunstvolle wie malerische Ansicht jenes Dorfes in den Kozara-Bergen, das seit Generationen die Heimat von Ratkos Familie war.

Das Dutzend Kinder aus der serbischen Siedlung wurde auf einem offenen Lastwagen fortgebracht. Als Ratko sich umsah, loderte das Feuer gierig aus allen Fenstern und Türen. Das Haus seiner Familie brannte lichterloh. Der Junge hielt die Hand seiner Schwester, bis das kleine Mädchen wenige Nächte darauf in Fieberkrämpfen zu atmen aufhörte. Die Jungen und Mädchen wurden zur „Umerziehung" in das Kinderkonzentrationslager Sisak verschleppt – das größte von drei Kinderlagern, die zum Konzentrationslager Jasenovac gehörten. Die Ustascha herrschte dort von April 1941 bis 1945 – die Anlage hatte den Ruf, die größte im faschistischen „Unabhängigen Staat Kroatien" zu sein. Ihr Kommandant, „Maks, der Metzger", nannte die deutschen Befehlshaber seit dem 17. April 1941, dem Tag der Kapitulation Jugoslawiens, seine Freunde – und hieß sie willkommen im „Auschwitz des Balkans". Aus ihrem Land stammten die Messer, die sogenannten „Serbenschneider", die ursprünglich für den landwirtschaftlichen Gebrauch gedacht waren und im Lager von Jasenovac wie bei Schlachtungen zum Einsatz kamen. Erst spät abends, wenn der „Besatzungssender Belgrad" das „Lied vom jungen Wachtposten" spielte, wenn Lale Andersen ihr Soldatenlied intonierte, hatte das Blutvergießen ein Ende, war man auch in Jasenovac in Feierabendstimmung – pünktlich um 21.57 Uhr. Pünktlich hatte auch Ratko zu sein, der allabendlich um dieselbe Zeit die geputzten Stiefel des Kommandanten und die des getreuen Kameraden Müller vor der Baracke abstellte. Dann, wenn die Männer weinselig von ihrer „Lili Marleen" grölten.

Wie viele Stiefel er gewienert, wie viele Freunde er im Lager Sisak sterben sah und wie oft er Lale Andersens „Lili Marleen" gehört hatte, bis der Krieg ein Ende nahm, hatte sich Ratko nie gefragt. Allein, er, Ratko, serbisch für „Krieger", hatte überlebt. Der junge Serbe, der sein Dorf in den Kozara-Bergen in Nordwestbosnien nie wieder aufsuchte, schlug sich danach durch. Er verdingte sich in der Landwirtschaft und an der jugoslawischen Adriaküste, dort, wo er seine erste Liebe traf. Nur ihr zuliebe ließ er den Gedanken zu, nach Deutschland zu gehen. Als die Bundesrepublik 1968 mit Jugoslawien ein Anwerbeabkommen schloss, war Ratko 38. Das Paar zog es an die Nordsee, auch wenn ihnen das Spiel der Gezeiten zunächst fremd war, das Wattenmeer zu grau, der Wind oftmals zu harsch. Ratko fand ob seines handwerklichen Geschicks rasch eine Arbeit. Seinen Koffer packte er nie ganz aus; auch wenn er ahnte, nein, wusste, dass er bleiben wollte, dass ein „Vorübergehend" nicht für ihn gelten durfte, um endlich, irgendeines Tages heimisch zu werden.

Als Lale Andersen am 29. August 1972 starb, titelten die Zeitungen in großen Lettern von ihrem Tod. Das lokale Blatt berichtete ausführlich, dass sie auf Langeoog begraben werden sollte und Ratko las zum ersten Mal davon, dass die Sängerin aus jenen Jahren, in denen er hinter Stacheldraht seine Kindheit verloren hatte, zeitweise auf der Insel zuhause gewesen war. Er müsste nur ein wenig entlang der Küste fahren, dann eine Fähre nehmen. Er fasste einen Entschluss und erschrak, jedoch nur für einen Moment. An diesem

Grab, so hoffte er, nein, so beschloss er wiederum, würde er sich seiner Vergangenheit erinnern, um von ihr Abschied zu nehmen.

Es war der letzte Tag im September, als Ratko frühmorgens eine Fähre nahm, am späten Nachmittag würde das Schiff ans Festland zurückfahren. Er legte den Weg zum Dünenfriedhof rasch zurück. Die Sonne beschien das verwelkende Blütenmeer, derweil bewegte der Nordwest, den Lale Andersen so oft besungen hatte, die vielen vertrocknenden Blätter, die ihren Grabhügel bedeckten. „So woll'n wir uns da wiederseh'n" – Ratko lächelte, er glaubte die Melodie im Wind zu hören. Bis zur letzten Zeile wehte sie herüber: „Aus dem stillen Raume, aus der Erde Grund, hebt mich wie im Traume dein verliebter Mund", schließlich der Zapfenstreich und Ratko ging.

Er lief entlang der Höhenpromenade am Wasserturm vorbei in die Hauptstraße, die ihm zu belebt erschien. Als er das mehrstimmige Geläut der Inselkirche hörte, nahm er die nächste Querstraße und fand sich in der Kirchstraße wieder.

Ein Schaufenster zog seine Aufmerksamkeit auf sich, dahinter allerlei Trödel. Im Nu kam ein älterer Mann aus dem Laden und bedeutete ihm einzutreten. Drinnen wies er eifrig, aber ohne viele Worte zu machen, auf die Regale. Ratko indes hatte für das Sammelsurium keine Augen. Sein Heimatdorf in den Kozara-Bergen, das sein Großvater als junger Mann für seine zukünftige Frau, Ratkos Großmutter, so kunstvoll in Öl gemalt hatte, hatte nichts an Leuchtkraft eingebüßt. „Unverkäuflich", knurrte der Alte. So wie seine Schellack-Raritäten. Sicher habe er vom Tod der Andersen gehört, mit ihrem Ableben erführe der Wert der Electrola-Pressung von „Lili Marleen" aus dem Jahre 1939 sicher Aufwind – wenngleich er nie verkaufen würde. „Erinnerun-

gen", blinzelte Karl sein Gegenüber an, sein rechtes Augenlid zuckte. Kein Besucher hatte sich je für das Messer mit
der gebogenen Klinge und dem abgewetzten Lederriemen
interessiert, das in all der verstaubten Vergänglichkeit ruhte
und nach dem Ratko nun griff. Allabendlich hatte Leutnant
Müller vor seinen Augen mit dem „Serbenschneider" hantiert – dann, wenn „Lili Marleen" aus der Kommandobara-
cke ertönte, dann, wenn Ratko pünktlich Müllers polierte
Stiefel abgeliefert und dafür auf Gnade gehofft hatte. Ratko
bat den Alten, das Grammophon in Gang zu setzen. Karl
sah ihn an und tat, wie ihm geheißen. Das zwanghafte Zucken seines rechten Augenlides hatte aufgehört, noch bevor
die Nadel auf den schwarzen Schellack und die Klinge seinen Hals traf. Und dann sang Lale.

„Lili Marleen"
Vor der Kaserne, vor dem großen Tor,
stand eine Laterne und steht sie noch davor,
so woll'n wir uns da wiederseh'n,
bei der Laterne woll'n wir steh'n,
wie einst, Lili Marleen,
wie einst, Lili Marleen.

Uns're beiden Schatten sah'n wie einer aus.
Daß wir so lieb uns hatten, das sah man gleich daraus.
Und alle Leute soll'n es seh'n,
wenn wir bei der Laterne steh'n,
wie einst, Lili Marleen,
wie einst, Lili Marleen.

Schon rief der Posten, sie blasen Zapfenstreich.
Das kann drei Tage kosten, Kam'rad, ich komm' sogleich.
Da sagten wir auf Wiederseh'n,

wie gerne wollt' ich mit dir geh'n,
mit dir, Lili Marleen,
mit dir, Lili Marleen.

Deine Schritte kennt sie, deinen schönen Gang,
alle Abend brennt sie, doch mich vergaß sie lang.
Und sollte mir ein Leid gescheh'n,
wer wird bei der Laterne steh'n,
mit dir, Lili Marleen,
mit dir, Lili Marleen?

Aus dem stillen Raume, aus der Erden Grund,
hebt mich wie im Traume dein verliebter Mund.
Wenn sich die späten Nebel dreh'n,
werd' ich bei der Laterne steh'n,
wie einst, Lili Marleen,
wie einst, Lili Marleen.

Langeoog
Landkreis Wittmund

Die Reise auf die „Insel fürs Leben", wie sie gerne genannt wird, beginnt im Küstenbadeort Bensersiel. Dort starten die weißen Fahrgastschiffe, betrieben vom inselgemeindeeigenen Unternehmen „Schiffahrt Langeoog"; die Überfahrt dauert etwa eine Dreiviertelstunde. Ins Zentrum des Eilandes gelangt man mit der bunten Inselbahn – seit März 1995 rumpelt der nostalgische Zug, gezogen von einer 250 PS starken knallroten Diesellok, vom Anleger in den Ort. Vor dem Bahnhofsgebäude warten Kutschtaxen, Zweispän-

*Links: Die Strandhalle von Langeoog befindet sich auf der Höhen-
promenade. Oben: Schnee bedeckt die Insellandschaft – und verleiht
ihr dadurch einen besonderen Reiz.*

ner mit gepflegten Pferden. Einer der ersten Urlaubsgäste
Langeoogs war der Religionsphilosoph und Nobelpreisträ-
ger Rudolf Eucken. Seine Erlebnisse in der Zeit um 1850
hielt der gebürtige Auricher in seinen Erinnerungen „Ein
Stück deutsches Leben" fest. Zitat: „Das Verhältnis zu den
einzelnen sehr wenigen Kurgästen war ein enges, ja, ein
freundliches. Man erzählte sich von seinen kleinen Freuden
und Leiden und fühlte sich ganz aufeinander angewiesen.
Der Mensch war damals noch nicht sich selbst überdrüssig,

Die berühmte
Interpretin Lale
Andersen lebte
zeitweise auf
der Insel. Eine
Bronzestatue
erinnert an
die Sänge-
rin von „Lili
Marleen". Im
Hintergrund:
der Wasserturm,
Langeoogs
Wahrzeichen.

Die Fähren nach Langeoog starten im Hafen von Bensersiel.

wie es jetzt meist der Fall ist. Die Menschen fliehen jetzt oft zur Natur, nur um immer wieder mit Menschen meist sehr Nichtiges zu treiben und der gegenseitigen Eitelkeit zu frönen. Traurig, dass die große Natur ihnen nichts anderes zu bieten vermag. Damals ging man ins Seebad, um sich körperlich und geistig auszuruhen und Kraft für die Arbeit des Winters zu gewinnen."

Erst spät entwickelte sich Langeoog zur Badeinsel. Die Wandlung brachte der Bau des Hospizes Kloster Loccum, das 1885 eröffnete und schon in der ersten Saison von 290 Gästen besucht wurde. Im Sommer 1908 konnte nach dem Bau eines Kurmittelhauses mit Kuranwendungen begonnen werden. 1927 übernahm die Kommune den Kurbetrieb und baute ihn zu dem aus, was er heute ist. Heute heißt die Einrichtung „Familienferienstätte Haus Kloster Loccum".

Während des Zweiten Weltkrieges ruhte der Kurbetrieb. Ab Mai 1946 war die Insel „fest in Kinderhand". Jeden Monat trafen 1 000 oder mehr Kinder mit Betreuungspersonen zu „sommerlichen Kindererholungskuren" ein. Etliche kehrten als Erwachsene im Urlaub auf „ihre" Insel zurück – vielleicht auch ein Grund, weshalb Langeoog viele Stammgäste hat.

Langeoog besitzt die mit 15 bis 20 Metern am höchsten gelegene Strandpromenade aller Ostfriesischen Inseln. Anderthalb Kilometer führt sie durch die Dünen. Wendet er sich ostwärts, gelangt der Wanderer in das Pirolatal, das seinen Namen dem „Rundblättrigen Wintergrün" (lat. Pyrola rotundifolia) verdankt; die Pflanze wächst hier heute nicht mehr. Am Ende des Pirolatales lohnt ein Blick vom Sommerdeich über das „Große Schlopp" mit dem Schloppteich. Die Stadien der Inselentwicklung kann man kennenlernen, wenn man sich einer Führung durch das Naturschutzgebiet Flinthörn im Südwesten anschließt. Einen Überblick über die Insel bekommt der Gast vom „Gipfel" der Melkhörndüne aus. Einst stolze 21,3 Meter hoch, galt sie einmal als höchste natürliche Erhebung Ostfrieslands – Wind und Wetter ließen sie auf 19 Meter schrumpfen. Ein Ausflugsziel ist die 1741 im Osten der Insel gebaute Meierei. Südlich des Dorfes wächst das „Wäldchen" auf dem einstigen Rollfeld des Fliegerhorstes.

Auf Langeoog muss der Gast radeln, wenn er nicht zu Fuß gehen will oder reiten. Langeoogs größter Sportplatz ist der Strand, zumindest ein Teilbereich am Strandübergang am Warmbadweg. Hier steht auch der „Sportpalast", das Domizil der Sportanimateure. Mehr als 650 Insulaner sind Mitglied im Turn- und Sportverein Langeoog – fast ein Drittel der Inselbevölkerung. Eine Besonderheit ist der Golfplatz des Golfvereins „An 't Diek" mitten im Nationalpark Wattenmeer. Eine Herde der Weißen Gehörnten Heidschnucken assistiert dem Greenkeeper bei der Rasenpflege.

Ein Ziel für viele Segler: im Hafen von Langeoog festmachen.

Keine Insel ohne Wahrzeichen: auf Langeoog ist es der Wasserturm. Das Turm entstand 1909 auf der 17 Meter hohen Kaapdüne. Nötig geworden war der Bau nach der Sturmflut von 1906, die viele Hausbrunnen verschmutzt hatte. 1939 übernahm das Wasserwerk Ost seine Aufgaben. Heute dient die Landmarke als Aussichtsturm. Ganz in der Nähe steht die Bronzestatue der Lale Andersen. Die Sängerin hatte einst den „Sonnenhof" als Domizil, heute als Café-Restaurant Anziehungspunkt für Gäste, ebenso wie ihr Grab auf dem Inselfriedhof. Ebenfalls sehenswert: das Schifffahrtsmuseum. Der langjährige Langeoog-Urlauber und Nautiquitäten-Sammler Artur Rose aus Bielefeld stellte dafür 1981 seine Sammlung zur Geschichte der Seefahrt zur Verfügung. Auch die Inselkirche lohnt einen Besuch: Sie beherbergt zum einen das Modell des Segelschiffes Bethel von Caspar Döring, zum anderen ist dort ein unkonventionelles Altarbild des Künstlers Hermann Buß zu sehen.

Spiekeroog

Usch Luhn

Es war ein Fehler

Das wusste sie im gleichen Augenblick, als sie in Neu-harlingersiel den Fuß auf die Fähre setzte. Sie war mit der Bahn gekommen und hatte nur Handgepäck. Die Fähre füllte sich minutenschnell mit schnatternden Urlaubern. Mit Mühe ergatterte sie einen Platz oben an Deck und kassierte einen schmerzhaften Ellbogen in die Seite. Niemand wollte die Seehunde auf den Sandbänken vor Wangerooge verpassen.

Es war das erste Mal, dass sie wieder nach Spiekeroog fuhr. Seit dem Tod ihrer Mutter stand das winzige Haus an den Dünen leer. Sie hatte nur ein paar Tage Zeit, es wieder auf Vordermann zu bringen. Dann wollte er nachkommen. Er hatte es ihr fest versprochen.

Sie hatte Robert beim Skifahren kennengelernt und sich auf den ersten Blick in ihn verliebt. Er war genau der Mann, nach dem sie sich immer gesehnt hatte. Es war ein Schock gewesen, dass er verheiratet war. Wohnung in Frankfurt. Keine Kinder. Mehr wollte er dazu nicht sagen. Er kam viel herum als Verlagsvertreter. War oft wochenlang nicht zuhause.

Weil sie ihn einfach nicht mehr vergessen konnte, ließ sie sich auf das heimliche Spiel ein. Er konnte exzellent seine Spuren verwischen. Das schien ihm sogar besonderen Spaß zu machen. Sie reiste ihm durch halb Europa nach.

Paris, Mailand, Barcelona. Immer suchte Robert die Hotels aus, bestimmte er die Reiseroute. Den Zeitpunkt.

Nur die Nordsee kannte er nicht.

Spiekeroog, fragte er ungläubig und lachte sein umwerfendes Lachen. Dort bist du geboren. Wer wohnt denn an der Nordsee? Er wollte es ihr erst gar nicht glauben. Warum nicht? Zum ersten Mal war sie über etwas ungehalten. Und das schien ihm irgendwie zu gefallen.

Beim nächsten Mal machen wir es umgekehrt, entschied er. Du sagst, wann und wie. Aber es muss Spiekeroog sein. Darauf bestehe ich.

Sie hatte gespürt, wie ihr Herz heftig zu schlagen begann. Das konnte die Wende sein. Musste sie sein. Denn die Dinge begannen sich zu ändern.

„Hoppla!" Ein hübsches Mädchen in rotem Anorak und kecker Mütze auf dem Lockenkopf stolperte über ausgestreckte Beine und fiel direkt vor ihr auf den feuchten Holzplanken hin. Es verzog sein Gesicht und fing laut an zu weinen. Eilig hob sie das Kind hoch und drückte es fest an sich. „Flut, Flut, Flut macht alles wieder gut", summte sie. So hatte ihre Mutter sie immer getröstet, als sie noch klein war.

Sie spürte den warmen Atem des Kindes an ihrem Hals, und als sie ihm einen Kuss auf die nasse Wange drückte, schmeckte sie vertrautes Salz auf ihren Lippen. Sie hatte es schon viel zu lange vermisst. Unversehens wurde sie von ihren eigenen Tränen übermannt. Verwirrt klammerte sie sich an das immer lauter schreiende Kind.

„Vielen Dank!", sagte eine Frauenstimme und riss ihr das Mädchen unsanft aus den Armen. Sie wischte sich mit dem Handrücken eilig die Tränen weg und sah der davoneilenden Mutter nach.

Am Bug tauchten die Umrisse von Spiekeroog auf. Ein zerfurchtes Herbstblatt mitten im Meer. Plötzlich freute sie sich.

„Johanne?"

Noch bevor er vor ihr stand, erkannte sie ihn an seiner Stimme.

„Jan."

Er sah gut aus.

Nicht mehr ganz so mager wie früher, mit Muskeln an den braungebrannten Oberarmen. Das Haar jetzt streichholzkurz, aber immer noch genauso blond. Und natürlich seine Augen. Tiefseeblau.

„Johanne", wiederholte Jan. Er streckte seine Hand aus und berührte sanft ihr Ohrläppchen mit dem Muttermal. „Ist ja noch da, das Hexenmal", lächelte er.

Es war lange her, dass jemand sie bei ihrem richtigen Namen genannt hatte. Zuletzt ihre Mutter, kurz bevor sie starb. Zuvor hatte Johanne ihr noch alles gebeichtet. „Ach Johanne", seufzte ihre Mutter nur. Niemand sonst konnte Johannes Namen so zärtlich aussprechen. Sogar in diesem Augenblick.

Ihr Vater hatte sie ausgerechnet nach dem Auswandererschiff benannt, das auf der Fahrt nach Baltimore vor Spiekeroog gesunken war, an einem stürmischen Novembertag 1854, und er hatte das wirklich für eine gute Idee gehalten.

Aber schon als Schulkind hatte Johanne erkannt, dass so ein Name kein gutes Omen war.

Eine Platzwunde auf der Stirn der Freundin, nachdem ein Stein geflogen kam, ein wütender Bienenschwarm, der harmlose Touristen attackierte. Der Hund des Pastors, der während eines schlimmen Sturms ins Meer geweht wurde und ertrank.

Johanne war gerade immer in der Nähe. Es war nur eine Frage der Zeit, wann die anderen es auch bemerken würden. Sie zog das Unglück einfach magisch an.

Um den Friedhof der Heimatlosen, den Drinkeldodenkarkhoff, auf dem die Ertrunkenen ihre letzte Ruhe fanden, machte sie einen großen Bogen, denn sie fühlte sich auf unerklärliche Weise verantwortlich für ihr Schicksal. Heimlich lernte sie all ihre Namen auswendig und schloss sie in ihr Abendgebet ein, als ob sie ihnen zumindest diesen Liebesdienst schuldig war.

Inzwischen hieß sie Joe. Kurz und schnörkellos. Robert nannte sie so und alle anderen, die nicht von der Insel stammten. Johanne war Vergangenheit. Nicht nur als Name.

„Warum hast du eigentlich nicht auf meine Briefe geantwortet damals?"

„Welche Briefe?" Sie versuchte normal zu atmen und wusste im selben Moment, dass lügen zwecklos war. „War nicht leicht." Sie zog schuldbewusst die Achseln hoch.

Er lächelte beschwichtigend. „War es sicher nicht. Für keinen."

Ihre plötzliche Wut überraschte sie selber am meisten. „Nein. Wie denn auch", sagte sie schärfer als beabsichtigt.

Seine Augen wurden zu schmalen Schlitzen. „Jetzt guckst du sauer wie Bonny."

Johanne spürte einen Stich. Bonny war ihr erstes Haustier gewesen. Ein weißes Kaninchen mit einem schwarzen Fleck über dem rechten Auge. Manchmal war es grundlos launisch gewesen und einmal hatte es Jan aus heiterem Himmel so heftig in den Finger gebissen, dass er mit zwei Stichen genäht werden musste.

Wahrscheinlich hatte Johanne eines Abends vergessen den Stall zu schließen. Jedenfalls stand die Tür morgens offen, als sie Bonny wie sonst vor der Schule füttern wollte.

Wenig später fand Jan das Kaninchen ertrunken im Priel und sie versenkten das tote Tier im Meer. „Flut, Flut, Flut macht alles wieder gut", schluchzte Johanne, als sie den Schuhkarton den Wellen übergaben.

Plötzlich kam Wind auf. Johanne schloss fröstelnd ihren Mantel. „Arbeitest du immer noch auf der Bohrinsel?", fragte sie.

Er schüttelte den Kopf. „Ich hab Geld gespart und mein Elternhaus umgebaut. Wir sind also Nachbarn."

Das hatte sie nicht erwartet. „Wie?", fragte sie verwirrt.

„Ja, ich wohne jetzt wieder auf der Insel. Allein", fügte er hinzu. „Mit meinen neuen Jobs komme ich ganz gut über die Runden. Bleibst du länger?"

Das Schiffshorn verkündete schmerzhaft laut die Einfahrt in das Hafenbecken. Freudige Hektik machte sich überall um sie herum breit. Johanne entdeckte das Anorakmädchen auf dem Arm seiner Mutter. Im Vorbeilaufen warf ihr die Frau einen misstrauischen Blick zu. Eine Schülergruppe drängte an ihnen vorbei. Jeder wollte als Erster an Land sein. Sie wurden jäh voneinander getrennt. Johanne tauchte in dem Gewusel unter und wurde von dem Touristenschwall mit an Land geschwemmt.

Unschlüssig blieb sie stehen und schaute sich um. Eine Handvoll Rentner stieg in ihr bestelltes Elektromobil. Die anderen gingen zu Fuß. Es gab weder Autos, noch waren Fahrräder gerne gesehen. Nur die Insulaner hatten welche. Nichts hatte sich hier geändert. Sie sah zu, wie das Anorakmädchen von seiner Mutter in einen Bollerwagen verfrachtet wurde. Es winkte ihr zum Abschied zu.

Wenn sie über die Salzwiesen lief, brauchte sie eine gute halbe Stunde bis zum Haus. Bei dem Wind vielleicht auch länger. Durch das Dorf ging es schneller.

Hinter ihr klingelte es. „Soll ich dich ein Stück mitnehmen? Ich fahre bis zur Kirche, ich muss mittags läuten."

Jan klopfte einladend auf den Gepäckträger seines Fahrrads. Die Speichen waren rostig von der salzigen Luft, die blaue Farbe bereits überall abgeblättert.

Johanne erinnerte sich, dass das Fahrrad früher seinem Vater gehört hatte.

Nach dem tödlichen Unfall seiner Eltern hatte Jan das Inselinternat verlassen müssen und die Schule auf dem Festland beendet. Johanne war auf dem Internat geblieben und hatte ihr Abitur gemacht. Danach hielt sie nichts mehr auf der Insel. Sie mochte die großen Städte. Inzwischen wohnte sie in München.

Ihr wurde auf einmal schwindelig und sie musste sich am Lenker festhalten.

„Geht's dir nicht gut?", fragte Jan besorgt. „Wenn du wartest, bis ich die Glocke geläutet habe, begleite ich dich nach Hause. Das ist nämlich einer meiner neuen Jobs. Läutejunge. Abends versorge ich den Gaul der Museumsbahn. So jemand nennt man wohl Inselhausmeister." Er lachte.

„Alles gut", sagte sie hastig. „Ich habe wohl zu viel gearbeitet. Ich brauche einfach ein wenig frische Luft." In der letzten Zeit wurde ihr öfter aus nichtigem Anlass schwindelig.

Jan nickte. „Ich bring dir später was zu essen." Er schlängelte sich zwischen den Touristen davon und schlug den Weg Richtung Inseldorf ein.

Johanne nahm den Pfad durch die Salzwiesen. Sie hatte plötzlich keine Lust mehr auf Menschen. Es kam immer mehr Sturm auf. Das Atmen fiel ihr schwer.

Sie hatte nicht damit gerechnet, Jan hier wiederzutreffen. Im Haus seiner Eltern. Es hatte lange gedauert, bis es ihr gelungen war, nicht mehr an ihn zu denken. Was damals geschehen war zu vergessen. Und dann tauchte er einfach wieder auf. Das war nicht fair. Sie hatte eine zweite Chance verdient.

Aus dem Augenwinkel nahm sie den Utkieker wahr. Diese über drei Meter hohe spindeldürre Bronzestatue, die sich auf der Aussichtsdüne erhob. Dem Wetter trotzend, mit erhobenen Armen, entging seinem wachen Auge nichts. Er machte ihr heute genauso Angst wie damals. Sie beschleunigte ihren Schritt, um seinem Blick möglichst schnell zu entkommen.

Gerade als sie vor dem Haus stand, vibrierte ihr Handy.

Komme eher los. 15h Fähre morgen ab N. Freue mich auf dich und die Insel. Rob.

Die Nummer war unterdrückt, also konnte Johanne nicht antworten. Unwichtig. Er hatte Wort gehalten. Das allein zählte.

Sie sank glücklich auf die Holzbank vor der weiß getünchten Hauswand und wartete geduldig, bis der Schwindel vorüberging. Dann schloss sie die Tür auf.

Es roch genau wie früher. Trotz des Sturms öffnete sie alle Fenster, zog ihren Mantel aus und legte los. Nach ein paar Stunden war alles wieder tipptopp. Erst jetzt bemerkte sie den Duft der zartgelben Teerosen, die im Vorgarten blühten. Jemand musste sie in der Zwischenzeit gepflanzt haben.

Mit einem scharfen Messer, das sie in der Schublade fand, schnitt sie ein paar Stiele ab und stellte sie in einer Vase auf die Anrichte. Die Teerosen dufteten herrlich. Sie würden Robert gefallen. Und alles andere hoffentlich auch. Sie schloss die Augen und stellte sich vor, wie sie sich morgen genau hier in die Arme schließen würden. Dann konnte sie es ihm endlich in Ruhe erzählen.

Sie bemerkte Jan erst, als er bereits in der Küche stand. „Pizzaservice!", rief er übermütig. Sie schrie auf und warf mit einer ungeschickten Bewegung die Vase um. „Macht doch nichts", sagte er und schnippte ein paar lose Rosenblätter aus dem Fenster, während Johanne Wasser nachfüllte. „Hinterm Haus stehen auch welche." Sie hielt überrascht inne. „Du warst das." Jan nickte. „Klar. Ich kenne doch deine Lieblingsblumen." Er deckte ganz selbstverständlich den Tisch.

„Ich wusste gar nicht, dass ich so einen verdammten Hunger habe", sagte sie und machte sich gierig über die Pizza her. „Seit wann gibt es auf der Insel eine Pizzeria?", fragte sie mit vollem Mund. „Also doch etwas, was du nicht weißt", sagte er zufrieden. „Und das ‚Laramie' hat inzwischen 12 Biersorten. Wenn du Lust hast, gehen wir heute Abend dorthin. Wahrscheinlich hast du in München nicht gehört, dass Fury in the Slaughterhouse im ‚Laramie' aufgetreten sind?"

Johanne lachte. „Unfassbar. Auf Spiekeroog tobt ja neuerdings echt der Bär. Gibt's im ‚Laramie' auch Apfelschorle?"

Er bestand darauf, dass Johanne auf seinem Fahrrad mitfuhr, um sich das isländische Pony anzuschauen, das die Museumsbahn zog.

„Es heißt Jette und ist wirklich ein klasse Gaul", schwärmte er. „Ich überlege ernsthaft, ob ich nicht in die Pferdezucht einsteigen soll. Was hältst du von Fjord-Pferden? Sind extrem wettererprobt. Reitest du eigentlich noch?"

Dass er sich daran noch erinnerte. Nachdem ihr Kaninchen tot war, hatte sie tatsächlich ein richtiges Pony bekommen. Es war störrischer als ein Esel und Johanne saß mehr im Sand als auf dem Sattel. Trotzdem verbrachte sie jede freie Minute mit dem Tier. Bis es sich eines Tages einen Nagel in den Huf trat. Keine Ahnung, wie der sich in die Dünen verirrt hatte.

Als das Pony wieder gesund war, gaben es ihre Eltern weg und Johanne ging auf das Internat. Dort bekam sie weiter Reitstunden, aber kein eigenes Pferd mehr.

„Ich hätte schon Lust", sagte sie. „Und Fjordpferde mag ich ganz besonders. Sie sind ehrlich und treu."

Jan nickte. „Richtig. Man erlebt keine üblen Überraschungen mit ihnen. Komm jetzt!" Er machte die Fensterläden zu, reichte ihr ihren Mantel und schob sie aus der Tür. „Mein Schlüssel liegt noch drinnen!", rief sie. Jan griff in die Dachrinne. „Immer noch an der gleichen Stelle", grinste er und schloss ab. Sie fuhren die alten Wege durch die Dünen. Als sie am frühen Abend ins ‚Laramie' einkehrten, hatte Johanne Muskelkater vom Lachen und schon wieder Hunger.

„Für dich auch ein Guinness? Kommt direkt aus Dublin!" Johanne schüttelte den Kopf. „Du hattest mir Apfelschorle versprochen." Jan sah sie verständnislos an.

„Warum das denn?" Johanne zögerte eine Hundertstelsekunde lang. „Weil ich schwanger bin. Mein Freund ... also Robert kommt morgen hierher. Dann ... Er freut sich ganz bestimmt." So trotzig hatte sie den letzten Satz gar nicht sagen wollen.

Sie hatte es tatsächlich geschafft, diesen Blick für eine ganze Zeit zu vergessen. Genauso hatte er sie damals auch angesehen. Sie bekam eine Gänsehaut und schaute weg. Sie war nicht schuld. Sie hatte seinem Vater wirklich geglaubt. Sie war doch erst sechzehn gewesen.

Sie trank Apfelschorle, Jan blieb bei Guinness. Die Burger schmeckten. Es gab laute Livemusik, Mrs. Greenbird, ein Pärchen mit musikalischen Ambitionen, sorgte für Stimmung, und schließlich war kein einziger Platz mehr frei.

Erst nach Mitternacht radelte Jan sie nach Hause. „Wie lange bleibst du?", fragte er erneut. Sie zuckte mit den Achseln. „Höchstens ein paar Tage." Er beugte sich vor und küsste sie flüchtig auf ihr Ohrläppchen. „Ich hab es nicht gewusst, Jan", sagte sie. „Ganz ehrlich nicht. Dein Vater hat es doch nur gut gemeint. Er wollte, dass du erstmal die Schule fertig machst." Wieder dieser Blick.

Sie drehte sich grußlos um, holte den Schlüssel aus der Dachrinne und ging ins Haus. Robert meldete sich nicht mehr. So hielt er es immer mit ihren Treffen.

Die halbe Nacht starrte sie hinaus in die Dunkelheit.

Sie war schon früh in Jan verliebt gewesen. Auf dem Segeltörn des Internats hatten sie sich zum ersten Mal geküsst. Seitdem waren sie unzertrennlich. Sie war sechzehn, als sie herausfand, dass sie schwanger war. Damals hatten sich ihre Eltern gerade scheiden lassen. Deshalb vertraute sie sich Jans Mutter an. Mit der konnte sie viel besser reden. Jans Eltern machten ihr klar, dass sie das Kind nicht bekommen durfte. Es ging um Jans Zukunft. Er sollte schließlich auf die Seefahrtschule gehen, wie es sich schon sein Vater gewünscht hatte. Jans Vater fuhr heimlich mit ihr nach Bremen und kümmerte sich rührend um alles. Jan erfuhr es dennoch. Irgendein Freund hatte sie gemeinsam im Eiscafé neben der Klinik gesehen. Jan forderte Aufklärung.

Nie würde sie Jans Blick vergessen, als er mit ihr Schluss machte. Er stritt sich heftig mit seinen Eltern und verschwand noch am selben Tag aus dem Internat, obwohl es wegen der erwarteten Sturmflut Ausgangsverbot gab. Als im Hafen Kleidungsstücke von Jan angeschwemmt wurden, machten sich seine Eltern mitten in der Nacht auf, um ihn zu suchen. Johanne folgte ihnen unbemerkt.

Bis heute erinnerte sich Johanne nicht, was sie draußen im Watt beobachtet hatte. Es war ja auch finster gewesen und es tobte heftiger Sturm und sie hatte Angst gehabt, entdeckt zu werden. Dann tauchte plötzlich Jan auf. Er lebte!

Alles andere blieb ein schwarzes Loch. Am nächsten Morgen waren Jans Eltern tot. Sie hatten in ihrer Sorge die Tidezeiten außer Acht gelassen, hieß es, wurden von der Sturmflut überrascht und waren in einem Priel ertrunken. Die Wunden an ihren Köpfen waren vermutlich entstanden, weil sie in Panik gestürzt waren. Gegenseitig hatten sie sich diese wohl kaum beigebracht. Darin waren sich die Ermittler schnell einig. Ein tragischer Unfall.

Jan tauchte erst nach ein paar Tagen auf, nachdem auf dem Drinkeldodenkarkhoff bereits eine Andacht für ihn abgehalten worden war.

Johanne blieb während dieser ganzen Zeit im Internat. Ihre Mutter wurde damals zum ersten Mal operiert, ihr Vater war bereits ausgezogen und das Haus an den Dünen stand leer. Jan kam nicht mehr ins Internat zurück. Auf der Beerdigung seiner Eltern traf sie ihn zum letzten Mal, bevor er auf das Festland verschwand.

Irgendwann, als es schon dämmerte, war Johanne doch noch eingeschlafen.

Als sie wieder aufwachte, hörte sie bereits die Mittagsglocke läuten. Eilig machte sie sich frisch und lief hinunter zum

Hafen. Dort wartete sie geduldig. Die Fähre kam mit dem Gottesdienstläuten an. Robert war an Bord.

„Oh mein Gott", sagte er hingerissen. „Das ist ja noch viel spießiger, als ich es mir vorgestellt habe." Weil er sich um seine handgenähten Budapester sorgte, zog er sie kurzerhand aus und hing sie sich an den Schnürsenkeln um den Hals.

„Im ‚Laramie' gibt's leckeren Burger oder Pizza", schlug Johanne glücklich vor.

„Oder willst du zur Einstimmung erstmal einen Backfisch?" Sie zeigte auf die Fischbude, die von einer Traube hungriger Touristen belagert wurde.

„Auf gar keinen Fall", sagte Robert entsetzt und klopfte auf seinen Rucksack. „Ich habe vorgesorgt", lächelte er überlegen.

„Dieser grauenhafte Sand", er schüttelte seine Jacke aus. „Daran habe ich nicht gedacht als Landei." Er zog sie an sich und küsste sie auf die Stirn. „Wir machen es uns in deiner Butze gemütlich. Ich muss morgen früh mit der ersten Fähre abdampfen. Margret hat Geburtstag. Sorry, Kleines. Ich hab's einfach vergessen. Solche Tage sind für mich von jeher Horror. Aber in zwei Wochen lässt sich was in London drehen. Dort habe ich ein Meeting. Da sind die Abende immer total öde." Es war ein Schock für Johanne. Margret war seine Ehefrau. Auch wenn es nicht schmeichelhaft war, dass er sich nicht an ihren Geburtstag erinnerte, blieb ihre Enttäuschung darüber, dass er nur eine Nacht bleiben konnte.

„Schlicht", nannte er ihr Haus. „Und diese kitschigen Rosen. So very old school ... Erstaunlich, was trotz allem aus dir geworden ist. Eine süße, kleine Bibliothekarin mit einem scharfen Hintern. Das spricht wirklich für dich, Joe." Er zog sie an sich und sie hatten heftigeren Sex, als ihr lieb war und als die Vase mit den Teerosen dabei zu Bruch ging, hatte sie endlich einen Grund, in Tränen auszubrechen.

„Nicht mal Rosenthal", tröstete er sie. „Ich bringe dir eine schönere von zuhause mit. Margret hat überall solche Dinger herumstehen." Er öffnete den Rucksack und zauberte eine Flasche Champagner mit zwei Gläsern hervor. „Und wie immer Austern aus Marseille", sagte er. „Diese Kühlpacks sind ganz wunderbar."

Sie sah ihm wortlos zu, wie er den Champagner entkorkte und die Austern auf einer geblümten Vorlegeplatte, die er in der Küche fand, liebevoll drapierte.

„Santé", sagte er und hielt ihr ein Glas mit dem perlenden Champagner hin.

„Ich bin schwanger", sagte Johanne. „Und von Austern muss ich ab jetzt kotzen." Und dann übergab sie sich auf seine Anzughose.

Seine Wut überrumpelte sie völlig. „Du dummes Stück", schrie er sie an. „Warum hast du nicht besser aufgepasst?" Er stieß sie rüde weg, als sie sich ihm näherte.

„Ich hab gedacht, du freust dich über unser Kind", weinte sie laut. Er lief in die Küche und hielt seine Hose unter fließendes Wasser. „Sauerei", schimpfte er. Pitschnass zog er sie wieder an. „Bring mich zum Flugplatz." Er suchte seine Schuhe und fluchte, weil die Schnürsenkel verknotet waren. „Es gibt keinen", stammelte sie. „Dann einen Hubschrauber", brüllte er. „Einen verdammten Hubschrauber wirst du ja wohl auftreiben können." Er schnappte sich seinen Rucksack und rannte hinaus in Freie.

Es wurde bereits früher dunkel. Mit großen Schritten rannte er auf das Watt zu. Die Flut begann aufzulaufen, füllte die Priele mit grautrübem Wasser. „Wo willst du hin?", rief sie ihm nach.

„Ich kapere ein Motorboot, bis morgen warte ich nicht." Im selben Augenblick sank er wadentief im Schlick ein. „Verflucht!" Er krempelte seine Hose hoch und verlor das Gleichgewicht. Einen Moment später kauerte sie über ihm. Sie stieß ihm den Austernöffner mitten in die Brust. „Du kannst nicht einfach wegfahren", schluchzte sie. „Ich habe eine zweite Chance verdient." Sie warf sich auf ihn und weinte bitterlich, während sich ihre salzigen Tränen mit seinem sprudelnden Blut vermengten.

Eine Hand riss sie jäh von dem röchelnden Körper weg und stieß sie zur Seite.

„Johanne", sagte Jan nur. Es klang eher zärtlich als entsetzt. Dann brach er Robert mit einem gekonnten Griff das Genick.

Johanne begann heftig zu zittern. Besorgt legte Jan seinen Arm um sie und wärmte sie. „Alles gut", flüsterte er und biss liebevoll in ihr Ohrläppchen.

„Schon bald ist es dunkel und dann kommt die Flut. Kannst du es noch?"

Johanne nickte. „Flut, Flut, Flut macht alles wieder gut", weinte sie leise.

Jan drückte sie fest an sich. „Ganz genau", sagte er. „Glaub mir. Auf die Flut ist Verlass. Du bekommst deine zweite Chance. Das ist nur fair."

Spiekeroog
Landkreis Wittmund

Erstmal urkundlich erwähnt wurde Spiekeroog 1398 als „Spickeroch" – hatte das Eiland vielleicht als „Speicherinsel" für Seeräuberbeute gedient? Fest steht, dass die Insel Ende des 14. Jahrhunderts viel kleiner war als heute: Südwestlich vorgelagert lag damals Lütjeoog, östlich Oldeoog. Erst im 17. und 18. Jahrhundert wuchs zusammen, was heute zusammengehört. Spiekeroog ist knapp zehn Kilometer lang und wird „die grüne Insel" genannt, denn in mehreren Wäldchen gedeihen krüppelwüchsige Eichen, Ebereschen,

*Links: Im Inseldorf findet sich so manches schmucke Haus in weiß-
grüner Optik. Oben: Die Dünenlandschaft von Spiekeroog ist ausge-
dehnt und mit Heideteppichen bewachsen.*

Pappeln, Erlen und Schwarzkiefern, und auf alten Braun-
dünen dehnen sich Teppiche der Krähenbeerheide aus.
Auch das Inseldorf ist ein grünes Idyll: Schmucke Häuser mit weiß-grün gestrichenen Fenstern, Haustüren und
Veranden werden beschattet von alten Linden- und Kas-
tanienbäumen. Im Noorderloog und im Süderloog haben
geduckte Inselhäuser, die heute unter Denkmalschutz stehen, dem Zahn der Zeit getrotzt. Sie blieben erhalten, weil
das Dorf von einer langen, hohen Dünenkette im Westen

Spiekeroog ist knapp zehn Kilometer lang. Anno 1846 wurde das Eiland offiziell zum Seebad. Bis heute wissen die Gäste zu schätzen, dass Spiekeroog eine Insel mit hohem Ruhefaktor ist.

Die Alte Inselkirche entstand 1696 – sie birgt manche Besonderheit.

vor Sturmfluten geschützt wird. Es wurde nie vom Blanken Hans zerstört und musste nicht, wie die Dörfer anderer Ostfriesischer Inseln, nach Osten „verlegt" werden.

Im Süderloog steht ein historisches Haus, das ein sogenanntes Schwimmdach trägt: Es wurde so konstruiert, dass es den Hausbewohnern als Floß hätte dienen können. Ein Kleinod ist das alte Gotteshaus von 1696. Das Kirchlein verfügt auch über ein Schwimmdach und birgt kostbares Strandgut, nämlich einige Apostelbilder und eine Pietà (ital. Frömmigkeit), eine kleine, farbige Holzskulptur. Diese Gegenstände sollen von einem Schiff der Spanischen Armada stammen, das im 16. Jahrhundert vor Spiekeroog angetrieben wurde. Der Opferstock gehörte bereits zum Vorgängerbau, er trägt die Datierung 1676. Im Jahre 1961 wurde eine neue Kirche eingeweiht, die genügend Platz für Einwohner und Gäste bietet. Im Winter sowie zu besonderen Anlässen werden noch Gottesdienste in der Alten Inselkirche abgehalten.

Ein schreckliches Unglück ereignete sich am 6. November 1854: Die Dreimastbark „Johanne", ein Auswandererschiff auf dem Weg von Bremerhaven nach Baltimore, strandete in Sichtweite der Inselbewohner. Die halfen, wo sie konnten und brachten die Schiffbrüchigen zur Versorgung in ihre Häuser. Für 77 von über 200 Passagieren aber kam jede Hilfe zu spät. 18 Männer, 34 Frauen, 18 Kinder und sieben Säuglinge fanden den Tod in der Nordsee. Man legte, um sie zu bestatten, den „Drinkeldooden-Karkhoff" an, der fortan letzte Ruhestätte für Ertrunkene und Heimatlose wurde. Die Schiffsglocke der „Johanna" wird im Inselmuseum verwahrt.

1846 wurde Spiekeroog Seebad und das Leben der Insulaner veränderte sich. Am westlichen Ende der Insel wurde gebadet; es gab einen Damenbadestrand und in einem halben Kilometer Entfernung einen Herrenbadestrand. Dorthin fuhr ab 1885 vom Ortskern aus eine Pferdebahn. Erst ab 1912 lockerten sich die Sitten und es kam zur Einrichtung eines Familienstrandes. Eine Erweiterung des Schienennetzes mit einer Abzweigung in das Wattenmeer erlaubte ab 1892 den Gästetransport ins Dorf per Pferdebahn. Die Neuerung brachte den Reisenden kaum Komfort, denn nur selten gelangten sie trockenen Fußes in die Wagen. Bequemer wurde es für die Inselbesucher erst ab 1949, als an der Südwestspitze eine neue Anlegestelle fertiggestellt wurde und Dieselloks die Pferde ersetzten. Auch die Schmalspurbahn verlor ihre Funktion, nachdem auf der Wattseite 1981 ein zentraler gelegener Hafen eingeweiht wurde. Hier legen die Fahrgastschiffe, vom Küstenbadeort Neuharlingersiel über das Watt kommend, an. Das Pferdebähnchen aber durfte eine Renaissance erleben: Es verkehrt sommers – als einzige Museumspferdebahn Deutschlands – nach Fahrplan auf der 1,7 Kilometer langen Strecke zwischen Dorf und Westend. Auf der autofreien Insel Spiekeroog geht man ansonsten zu Fuß. Radfahrer sind

Ein uriges Gefährt: die Pferdebahn auf dem Weg zum Westend.

nicht gern gesehen; im Dorf herrscht sogar Drahteselverbot. Gepäck und sonstige Güter schaffen leise surrende Elektrokarren von hier nach dort; Kleinkinder, Strandspielzeug oder Einkäufe transportiert der Gast in Bollerwagen. Ruhe wird auf Spiekeroog großgeschrieben – vielleicht war das der Grund, weshalb die drei ehemaligen Bundespräsidenten Gustav Heinemann, Richard von Weizsäcker und Johannes Rau, Spiekeroog zu „ihrer" Ferieninsel erkoren.

Schöne Aussichten bietet die Düne mit dem „Utkieker", eine überlebensgroße Bronzeskulptur. Aufmerksamkeit zieht auch das „Kuriose Muschelmuseum" auf sich, das zirka 4000 Muscheln und Schnecken präsentiert. Informativ ist überdies das Nationalparkhaus Wittbülten in Nähe der Hermann-Lietz-Schule – es ist das einzige Internat-Gymnasium auf einer Ostfriesischen Insel.

Wangerooge

Jutta Oltmanns

Der Fluch des Vogtes

Vorsichtig kletterte Christine die Leiter hinunter. Sie betrachtete den mit Stechpalmen geschmückten Raum und ihr Blick blieb versonnen an dem Mistelzweig über der Tür hängen. Vor vierzig Jahren hatte sie ihren Mann auf einer Weihnachtsfeier kennengelernt. Es war Liebe auf den ersten Blick gewesen und am Ende des Abends hatten sie sich unter einem Mistelzweig geküsst.

Lächelnd stellte Christine Weihnachtskarten auf den Kaminsims und verlor sich, wie schon so oft, in der Betrachtung des Ölgemäldes über dem Feuer. Das Portrait zeigte eine junge Frau, die ein blaues Kleid trug, auf dem Sterne zu funkeln schienen. Fuchsrotes Haar fiel ihr über die Schultern und ein glückseliger Ausdruck lag in ihren Augen. Beim Ausräumen des Dachbodens hatten sie das Gemälde entdeckt und sich sogleich darin verliebt. Seit der Restauration hing es in dem Haus am Meer, das ihnen in den Schoß gefallen war. Ein entfernter Verwandter von Gerald war gestorben und zu ihrem Erstaunen erbten sie einen hohen Geldbetrag, der es ihnen ermöglichte, das Dornröschen, ein altes Herrenhaus auf Wangerooge, zu kaufen.

Sie hatten sich gleich heimisch gefühlt, obwohl sich eine traurige Geschichte um das von Bauernrosen umgebene Steingemäuer rankte. Es befand sich in alter Zeit im Besitz eines Vogtes, dessen Familie den Blattern zum Opfer gefallen war. Die Trauer hatte den armen Mann verwirrt und ihn in den Tod getrieben. Sein Haus war durch viele Hände gewandert und mehr und mehr verkommen, bis Christine und Gerald sich seiner erbarmten. Es hatte lange gedauert, bis das Dornröschen wieder so gut in Schuss war, dass sie einziehen konnten, und es hatte noch länger gedauert, die Anerkennung der Insulaner zu gewinnen. Erst als das Vogthaus in seinem alten Glanz erstrahlte, begannen die Einheimischen mit ihnen und nicht länger über sie zu sprechen. Die Insulaner wurden ihre Freunde und Christine und Gerald kreuz und quer über die Insel zu Feiern und Festen eingeladen.

Das Dornröschen stand an der Straße zum Westen, inmitten einer Dünenlandschaft, weit entfernt von den anderen Häusern. Es war das einzige Gemäuer aus der Zeit des alten Dorfes, das vor über hundert Jahren ein Raub der Fluten geworden war. Die Einsamkeit und Stille, die nur vom Wind und dem Rauschen des Meeres unterbrochen wurde, machten Christine nichts aus. Noch vor elf Monaten war ein Wohnblock an einer belebten Straße in Bremen ihr Zuhause gewesen und Wangerooge das Paradies, ihre Vorfreude! Wie hatten sie und Gerald sich jedes Jahr auf den Urlaub gefreut und danach von den Erinnerungen gezehrt, wie Kinder, die sich ihre Bonbons sorgsam einteilen mussten. Es kam Christine immer noch vor wie ein Traum, dass sie jetzt hier lebten und das Meer zum Greifen nahe war.

Wangerooge hatte viele Gesichter, und für Christine waren sie alle schön. Sie liebte den Frühling, wenn die Sonne den Wellen Glanzlichter aufsetzte und die Wattwiesen einem Paradies aus Wildblumen glichen, wenn erste Gäste von der Inselbahn kommend zum Strand spazierten und die Zugvögel heimkehrten. Sie liebte den Sommer, dessen gleißendes Licht sich im weißen Gefieder der Möwen brach, Nachmittage unter Bäumen im Rosengarten oder im Café Pudding, Spaziergänge am Meer, wenn kühle Wellen über ihre nackten Füße rollten. Und dann, wenn der Herbst mit Nässe und Sturm kam, wenn die Fluten hoch und höher stiegen, war die Zeit für das Ernten von Holunderbeeren und heißen Eiergrog in der Teestube, bis die Wildgänse den Winter herbeischrien.

Heute war der 23. Dezember und es hatte zum ersten Mal gefroren. Vom Meer her wehte eine steife Brise, doch im Kamin prasselte ein Feuer. Christine spürte, wie wohlige Wärme sie durchzog. Sie ließ ihren Blick zufrieden durch den Raum mit dem liebevoll eingedeckten Tisch, den Kristallgläsern auf der Anrichte bis zu den Butzenscheiben gleiten. Alles wirkte gemütlich und heimelig, bereit für einen schönen Abend. Hoffentlich erwischte Gerald das Schiff um 17.00 Uhr noch! Erst vor einer Stunde war die dienstliche Besprechung in Bremen zu Ende gewesen und er hatte über vereiste Straßen geklagt.

Christine überlegte, an den Strand zu gehen, doch aus irgendeinem Grund widerstrebte es ihr. Merkwürdig. Sie war doch sonst nicht ängstlich. Vielleicht würde es ihr guttun, einen heißen Tee zu trinken. Christine setzte Wasser auf und eilte kurze Zeit später hinauf zur Seestube, wie sie den Raum im obersten Stockwerk nannten, von dem aus man einen wunderbaren Blick über die Dünen auf das Meer hatte. Sie machte es sich in einem der Sessel bequem, goss Tee ein und lauschte der Brandung. Die Sonne sank allmählich und zog, wie eine Schleppe, Rot, Orange und Purpur hinter sich her. Schließlich erlosch das Feuerwerk der Farben und gab dem Mond Raum für seinen Auftritt. Sie lächelte ihm ins Antlitz, wie einem alten Freund.

„Ich sollte doch nach draußen gehen. Es wird schön sein, im hellen Silberlicht am Strand zu spazieren", dachte Christine, doch allein bei dem Gedanken, einen Fuß vor die Tür zu setzen, überlief sie eine Gänsehaut. Als ihr bewusst wurde, dass sie ihre Teetasse wie einen Rettungsring umklammert hielt, stand Christine abrupt auf. Es gab keinen Grund, sich im Haus zu verkriechen! Sie würde jetzt ihren Mantel holen und sich dann den frischen Wind um die Nase wehen lassen! Es dauerte noch zwei Jahre, bis Gerald auf Rente kam und bis dahin würde sie viele Abende alleine verbringen müssen!

Entschlossen griff Christine nach dem Tablett. Sie warf einen letzten Blick aus dem Fenster und stutzte. Im silbrigen Mondlicht kam eine dunkle Gestalt den Dünenübergang vom Strand herauf. Christine kniff die Augen zusammen. War das ein Tier? Doch nein, die Gestalt lief gebückt und stützte sich schwer auf einen Stock. Jede Bewegung schien ihr Qualen zu bereiten. Das Wesen trug eine Art Fellumhang und Hörner auf dem Kopf. Es blieb stehen und starrte zu ihr hinauf. Christine schreckte vom Fenster zurück und verbarg sich hinter dem Vorhang. Das Herz hämmerte ihr in der Brust und sie presste die geballten Hände gegen ihre Wangen. Eine Teufelsmaske! Die Gestalt trug eine dämonische Teufelsmaske. Christine verharrte ganz still und lauschte. Neben dem Tosen des Meeres drang ein jammervoller Laut an ihre Ohren, ein Wehklagen, das anstieg und fiel mit den Wellen und in einem durchdringenden Heulen endete. Christine schlang die Arme um den Leib und presste sich eng an die Wand. Was war das nur da draußen? Wollte ihr jemand einen Schrecken einjagen? Für einen Augenblick überfiel sie lähmende Angst.

Das Telefon klingelte und plötzlich kam Leben in Christine. Sie raste die Treppe hinunter.

„Guten Abend, mein Schatz!"

Geralds Stimme! Erleichterung durchströmte sie. „Wo bist du? Auf dem Schiff?"

„Nein. Ich musste in Oldenburg runter von der Autobahn. Eisglätte! Vom Schlimmsten! Zum Glück habe ich noch ein Quartier gefunden."

„Du kommst heute also nicht nach Hause?" Christine hörte selbst, wie panisch sie klang.

„Es tut mir leid, mein Schatz! Aber gleich morgen früh … Sobald die Autobahn gestreut ist, bin ich auf der Pirsch."

„Gerald, ich will dich nicht ängstigen, aber hier draußen … Da lungert jemand in den Dünen herum. Irgendein Kerl, der sich verkleidet hat. Er trägt einen Fellumhang. Du weißt, dass ich eigentlich nicht bange bin, aber …"

„Ist sein Gesicht hinter einer Teufelsmaske verborgen?"

„Ja, genau!"

Ein Lachen klang aus der Leitung. „Dann ist es nur der Sünnerklaas!"

„Was?"

„Den Heiligen Mann hat uns bestimmt Harm auf den Hals geschickt. Das sieht ihm ähnlich!"

Christine dachte an den lebenslustigen Bäcker, der es faustdick hinter den Ohren hatte.

„Wieso sollte er uns jemanden auf den Hals schicken?"

„Hör zu, ich habe mir Bücher über Wangerooge ausgeliehen und gestern Abend die Inselbräuche studiert. Am 23. Dezember ging in alter Zeit der Sünnerklaas, wie der Nikolaus hier genannt wird, angetan mit einer Kuhhaut auf der Insel um und segnete die Häuser und ihre Bewohner. Dafür musste man ihn bewirten und einige Taler springen lassen. Tat man das nicht, dann konnte die Stimmung des Heiligen schnell umschlagen und Flüche und Stockhiebe waren die Folge."

Grenzenlose Erleichterung durchströmte Christine. „Und ich dachte schon, irgendeine Bestie sei dem Meer entstiegen und wolle sich auf mich stürzen. Du kannst dir nicht vorstellen, was für ein Grauen mich gepackt hat, als ich die Gestalt sah."

„Das ist ja auch Sinn und Zweck der Übung. Der Sünnerklaas soll dämonisch aussehen, damit selbst der Teufel es mit der Angst zu tun bekommt. Die Wurzeln dieses Brauchs liegen in ferner Vergangenheit begründet, als noch Götter verehrt wurden. Wenn die Herbststürme über das Land brausten, hielt Wotan seinen Umzug, die Wintersaaten zu segnen und die bösen Geister der Finsternis, ja den Teufel selbst zu vertreiben. An seine Stelle trat in christlicher Zeit dann der

Sünnerklaas, dessen Rolle häufig der Inselvogt übernahm."

„Du glaubst also, dass der Kurdirektor in der Verkleidung steckt und mir gleich seine Aufwartung macht?"

„So wird es wohl sein." Gerald lachte, doch dann wurde er wieder ernst. „Christine, wenn dir das Ganze nicht geheuer ist, dann lass die Tür einfach zu!"

„Damit der Sünnerklaas mir mit seinem Stock das Fenster einschlägt oder mich verflucht?" Sie lachte. „Es hat lange genug gedauert, das Vertrauen der Insulaner zu gewinnen, da werde ich mich hüten, ihre Bräuche nicht zu achten!"

Gerald steckte schmunzelnd sein Handy wieder ein, setzte sich auf das Bett und griff nach dem Buch Gruss aus Wangeroog, einer Sammlung alter Postkarten. Er würde noch kurz stöbern, unten in der Wirtsstube eine Kleinigkeit essen und dann schlafen gehen.

Verträumt betrachtete er ein Foto des ehemaligen Westturms, der schon längst nicht mehr war, bestaunte Seehundjäger und Giftbuden und fand schließlich eine Aufnahme des Vogthauses von 1896. Die Dünen, die damals noch viel niedriger gewesen sein mussten, gaben den Blick auf das Meer frei. Gerald blätterte und merkte, wie ihn Müdigkeit überkam. Als er den Bildband zur Seite legen wollte, fiel ein zusammengefaltetes Blatt heraus, ganz stock-fleckig und vergilbt. Behutsam faltete Gerald den Bogen auseinander und hielt die Übersetzung eines Briefes in Händen.

Hochgeborener Graf, gnädiger Herr,
in geziemender Demuth muss ich Euer Gnaden von einem
Unglück berichten, welches uns ereilt hat und um Hülfe bitten.
Der Herr hat im Christmond seinen Segen von uns genommen
und die schwarzen Blattern über die Insel geschickt, die zwei-
undzwanzig arme Seelen dahinraffte, darunter Feemke, das Weib
des Vogtes, und seine Kinder. Das Leid hat den Geist des armen

Mannes zerrüttet und ihn ins Meer gehen lassen, doch zuvor verfluchte er alle Fremden, die Heimstatt auf der Insel suchen, denn ein solcher Zugereister ist als erster an den Pocken erkrankt und gestorben. Ihm kreidete der Vogt an, den Keim des Bösen gesät zu haben. Er wetterte wider den Herrn und schwor, sich dem Teufel zu ergeben und an jedem 23. Dezember, dem Todestag seines Weibes, als Wiedergänger über unser Dorf zu kommen, angetan mit den Zeichen des Bösen, mit Kuhhaut und Horn, zu holen und strafen einen jeglichen Fremden, den er fände.

Die Reden des Verwirrten haben gar fürchterlichen Schaden in den Köpfen der Alteingesessenen getan, auch, weil sein Leichnam bis heute nicht vom Meer gegeben wurde und so bitte ich Euer Gnaden flehentlich, uns die helfende Hand eines Gottesmannes zu schicken, eines Teufelsaustreibers, der den Bann des Vogtes von uns nimmt.

Euer getreuer Vorbitter und untertänigster Diener Lütke Ahlrichs, Kirchengeschworener

Wangeroog, Jänner Anno 1663

Handschriftlich hatte jemand in Sütterlin hinzugesetzt:

Wangeroog, Sommer 1935

Für meine Volkskunde befragte ich zu dem obigen Brief eine uralte Insulanerin. Sie berichtete von einem Fluch, und davon, dass im alten Westdorf am Tag vor dem Heiligen Fest Fremde ums Leben kamen. Erst nach der großen Sturmflut und der Neuansiedlung beim Leuchtturm fand keiner mehr den Tod, doch die Furcht blieb. Um das Böse abzuwenden und in Gutes zu verkehren, schickte man fortan an jedem 23. Dezember den Heiligen „Sünnerklaas" in der Tracht des Teufels über das Eiland, die Häuser zu segnen.

Gerald ließ den Bogen sinken. Ein ungutes Gefühl beschlich ihn. Christine … Die unheimliche Gestalt mit der

Teufelsmaske ... Ihm wurde eiskalt. Was, wenn der Sünnerklaas nicht von den Insulanern geschickt worden war? Der
alte Fluch ... Sie bewohnten das letzte Haus des Westdorfes
und sie waren Fremde!

Gerald wischte sich über die Stirn, die zu schmerzen begann. Er warf das vergilbte Papier auf das Bett. Das war
doch alles Unsinn! Es gab keine Wiedergänger, so, wie es
keinen Teufel gab. Eine Erfindung der Kirchenmänner, um
die Menschen gefügig zu halten. Er würde gleich Klarheit
haben!

Entschlossen griff Gerald nach seinem Handy und wählte
die Nummer von Harm Eyler. Nach dem fünften Klingeln
meldete sich der Bäcker atemlos.

„Gerald hier. Moin, Harm."

„Gerald! Kannst du es kurz machen? Ich muss gleich zur
Generalprobe für den morgigen Weihnachtsgottesdienst."

„Ach ja. Da werden sicherlich fast alle Insulaner vertreten
sein."

„Richtig. Sämtliche Chöre, dann natürlich die Posaunen,
die Trommler und sogar die Theaterleute haben sich was
überlegt. Ihr kommt morgen doch auch?"

„Sicher! Harm, hör zu, ich habe über die alten Bräuche
gelesen. Schickt ihr eigentlich immer noch den Sünnerklaas
über die Insel?"

„Mit Kuhhaut und Hörnern? Nein, diesen Klamauk gab
es schon zu meiner Jugendzeit nicht mehr. Du, mein holdes
Eheweib ruft. Ich muss Schluss machen. Tschüss, bis morgen!"

Gerald starrte auf sein Handy, aus dem nur noch ein lei-
ses Piepen ertönte. Entsetzen überkam ihn. Christine! Was,
wenn sie in diesem Moment ihrem Mörder die Tür öffnete? Schreckliche Bilder stiegen in ihm auf. In panischer Hast
wählte Gerald die Nummer des Vogthauses. Das Freizeichen
erklang ... Niemand ging ran. Sein Herz raste ... Gerald legte

eine Hand auf die Brust und versuchte, einen klaren Gedanken zu fassen. Lieber Gott … was sollte er nur machen? Er sprang auf, presste beide Hände gegen die kalte Fensterscheibe und starrte auf die eisglatte Straße. Er musste versuchen, zur Küste zu kommen … Das letzte Schiff erreichen …

Der Maskierte war vor dem Haus angekommen. Trotz der Böen konnte Christine ihn keuchen hören. Er schlug mit dem Holzstab fordernd gegen die Tür, bis Christine öffnete. Eiskalter Seewind fuhr ihr durchs Haar und blähte die fleckige Tierhaut, in die der Vermummte gehüllt war. Der Mond beleuchtete die gespenstische Holzmaske mit den grausigen Zügen eines Dämons, mit scharfen Reißzähnen und stechenden Augen. Auf dem Schädel ragten zwei Hörner aus einer Wolke von Haaren.

Christine erschauderte und hätte am liebsten die Tür wieder zugeschlagen. Wer mochte nur hinter der grässlichen Aufmachung stecken? Der Kurdirektor war zu groß und stattlich. Auch Harm kam nicht in Frage, denn diesem Kerl fehlte eindeutig der runde Bierbauch. Wer auch immer es war, er stank fürchterlich nach fauligem Fisch. Christine seufzte innerlich und musste sich zwingen, Atem zu holen. Es nützte nichts. Sie würde ihm den besten Platz nah am Feuer anbieten.

Der Vermummte starrte sie an und sprach kein Wort. Christine spürte, wie es ihr kalt über den Rücken lief. Nur nicht ängstigen! Dies hier war ein Gruß der Insulaner, vielleicht auch eine Mutprobe für sie, die Zugezogenen. Die Gestalt wies zum Meer und bedeutete ihr, mitzukommen, doch Christine schüttelte den Kopf. Für einen Moment sah es so aus, als ob der Vermummte sie packen wollte, doch schnell trat sie ins Haus zurück.

„Werter Sünnerklaas, wir beide trinken zuerst einen schönen heißen Punsch, dann gibt es ein Stück Ostfriesentorte und später begleite ich Euch vielleicht zum Strand", sagte Christine gezwungen munter.

Hatte sich der Maskierte in den Dünen noch dahingeschleppt, so schien er jetzt von äußerster Entschlossenheit getrieben und stürzte hinter ihr her. Kurz spielte Christine mit dem Gedanken, die Treppe hinauf zu flüchten, doch als die Gestalt in der Tür zum Wohnzimmer wie erstarrt stehen blieb, verflog die Regung. Die Teufelsfratze starrte auf das Gemälde über dem Kamin.

„Feemke", glaubte sie es hinter der Maske murmeln zu hören.

„Wir haben das Kunstwerk auf dem Dachboden entdeckt. Es muss schon sehr alt sein und ist wunderschön, nicht wahr", plapperte Christine, um ihr Unbehagen zu verdrängen.

Sie huschte in die Küche, dankbar, dem Gestank für einen Augenblick zu entkommen, setzte den Punsch auf, der eigentlich als Willkommensgruß für Gerald gedacht war, und schnitt zwei Stücke von der Weihnachtstorte ab.

Als sie zurückkam, stand die grausige Gestalt immer noch im Türbogen und dann, ausgerechnet, löste sich der Mistelzweig und fiel hinunter. Christine hob ihn auf, griff nach dem Arm des Maskierten und zog ihn zum Feuer. Sie warf Holz nach, breitete eine Decke über die Knie ihres Gastes, der vor sich hin schlotterte, und legte ihm den immergrünen Zweig mit den weißen Beeren in den Schoß.

„Ihr zittert ja vor Kälte. Das liegt sicher an der langen Reise von Grönland bis hierher. Da seid Ihr doch zu Hause, werter Nikolaus, nicht wahr? Ein schöner heißer Punsch ist genau das Richtige, um wieder warm zu werden."

Sie schenkte ein und immer noch blieb ihr Gegenüber stumm. Christine holte tief Luft. Irgendwie war diese ganze Sache merkwürdig. Unheimlich! Zumindest die Holzmaske könnte der Kerl doch jetzt ablegen. Er musste sich doch denken können, dass sie sich ängstigte, so ganz alleine.

Eine böse Ahnung überkam sie. Was, wenn sie nun einem Verrückten die Tür geöffnet hatte, wenn er gleich über sie herfiel? Da war niemand, der ihre Schreie hören würde! Ihr Hals wurde plötzlich eng und sie hatte Schwierigkeiten, zu schlucken. Christine versuchte, ihr klopfendes Herz zu beruhigen. Nur nicht die Nerven verlieren! Sie würde jetzt ihren Punsch trinken und dann klammheimlich Richtung Dorf verschwinden, doch er durfte keinen Verdacht schöpfen.

Die knochigen Finger des Maskierten spielten mit den Blättern des Mistelzweiges, dessen Beeren im Schein des Feuers leuchtend weiß strahlten.

„Die Mistel, Ihr kennt sie doch, oder? Sie hat heilende Kräfte und kann Flüche aufheben", redete sie drauflos.

Die Finger verharrten und die Gestalt beugte sich zu ihr vor. Christine glaubte neben dem schrecklichen Fischgestank seinen fauligen Atem riechen zu können. Für einen Moment war sie wie gelähmt vor Angst, doch dann knisterte ein Holzscheit im Feuer und Christine fing sich wieder.

„Es gibt eine nordische Sage aus der Zeit, als die Menschen noch an viele Götter glaubten. Sie erzählt von dem Sonnengott Baldur, dem Bezwinger des Winters, der von seinem Tod träumte. Seine Mutter Frigga, die Göttin der Liebe, erschrak, denn mit ihrem Sohn würde alles Leben sterben. Sie flehte Luft, Wasser, Feuer und Erde an, beschwor alle Tiere und Pflanzen, Baldur nicht zu verletzen. Ein Wesen allerdings vergaß sie: die Mistel, die sehr zornig darüber wurde, nicht beachtet worden zu sein. Sie verfluchte die Göttin der Liebe und wandte sich Loki zu, der die Welt in Finsternis stürzen wollte. Er fertigte ein Pfeil aus dem Mistelzweig und erschoss Baldur.

Drei Tage lang versuchten alle Götter vergeblich, die Sonne wieder zum Leben zu erwecken, bis es schließlich Frigga mit der Kraft der Liebe gelang. Sie weinte vor Freude und ihre Tränen wurden zu weißen Beeren auf dem Mistelzweig. Frigga vergab dem Gewächs und die Mistel versprach reumütig, nie wieder den Tod zu bringen, sondern Heilung für alle dem Teufel Verfallenen. Seit diesem Tag glaubt man, dass die Pflanze magische Kräfte hat." Christine hob das Glas und prostete ihrem Gast zu. „Ich habe etwas von dem Beerensaft durch den Punsch gegeben."

Sie trank und sah ins Feuer, um die Teufelsfratze nicht länger betrachten zu müssen. Von Ferne hörte Christine die Brandungswellen, den uralten Atem des Meeres, der sich mit dem Heulen des Windes vereinte. Auch die Flammen im Kamin schienen sich dem ewigen Odem anzupassen. Und dann, urplötzlich, schienen Feuer, Erde, Luft und Meer den Atem anzuhalten …

Gerald sprang vom Fahrrad und raste auf das hell erleuchtete Haus zu. Die Eingangstür war nur angelehnt. Er schlich in die Diele und lauschte. Nichts! Die Tür zum Wohnzimmer stand offen. Die Hysterie versetzte ihn in höchste Alarmbereitschaft und seine Augen zuckten hin und her. Alles war ruhig, nur das Feuer im Kamin knisterte. Da ist niemand, sagte er sich, aber die Angst ließ sich nicht verjagen und sein Herzschlag raste. Er tappte ins Wohnzimmer. Der Raum lag still vor ihm. Silbernes Mondlicht fiel durch die Butzenscheiben auf den Sessel, in dem Christine lag und sich nicht regte.

Mit zwei Schritten war er bei ihr. „Christine!"

Sie fuhr verwirrt hoch und rieb sich die Augen.

Tiefe Erleichterung durchströmte ihn. Er schlang die Arme um sie und vergrub sein Gesicht in ihren Haaren. „Ich dachte, es würde etwas Schreckliches passieren. Ich glaubte … du würdest sterben!"

„Deshalb hast du dich bei der Eisglätte her getraut. Ach, herrje, und ich alte Schlafmütze liege hier nur beim Feuer und döse. Du kannst dir nicht vorstellen, was für einen Alptraum ich nach unserem Telefongespräch hatte! Der Sünnerklaas hat mich mit seinem Besuch beehrt. Den hättest du mal sehen sollen! Unheimlich, kann ich dir sagen."

Gerald löste sich von ihr und trat zum Kamin. „Hast du mit ihm einen Punsch getrunken?"

„Ja, aber nur im Traum …"

„Wirklich?"

Sie wandte den Kopf und starrte auf das leere Glas in Geralds Händen.

„Dann war er also doch hier … Ich habe ihm die Geschichte von Baldur erzählt … von der magischen Kraft der Mistel …"

„… die Verfluchte von ihrem Bann erlöst", ergänzte Gerald langsam. Er stellte das Glas ab und wies auf den Mistelzweig, der keine einzige Beere mehr trug. „Die Mistel … Sie hat uns von jeher Glück gebracht." Gerald nahm seine Frau erneut in die Arme und küsste sie. „Christine, was auch immer geschehen ist – ich glaube, es sollte unser Geheimnis bleiben."

Sie nickte und schmiegte sich eng an ihn. „Diese Geschichte würde mir sowieso keiner glauben!"

In späteren Jahren hielten sie an jedem 23. Dezember Ausschau nach dem Vogt, doch er kehrte nie wieder nach Wangerooge zurück.

Wangerooge
Landkreis Friesland

Betrachtet man die ostfriesische Inselkette aus der Möwen-
perspektive, so hat Wangerooge auf den ersten Blick eine ab-
seitige Lage. Die Insel ist aber keineswegs außen vor, wenn
man einen Blick in ihre Geschichte wirft. Sie gehörte nie-
mals zu Ostfriesland, einmal zu Holland, einmal zu Frank-
reich und tatsächlich zweimal zu Russland. Die Insulaner
erlebten dereinst, was es heißt, wenn sich streitlustige und
landhungrige ostfriesische Häuptlinge in die Haare kriegen, sie sahen zweimal den Auszug der friesischen Kreuz-

Links: Das Strandleben auf Wangerooge findet quasi mitten im Ort statt – und rund um das Café Pudding. Oben: Die Inselbahn fährt auf dem Weg vom Anleger ins Dorf durch weite Salzwiesen.

fahrer und sie wurden mehrfach von Piraten heimgesucht. Erstmals erwähnt wurde „Wangeroch insule" 1327, denn ein Insel-Schiffer namens Thethardus war gegenüber seinem Landesherrn Graf Wilhelm von Holland aufmüpfig geworden – in den Geschichtsbüchern wird ihm gar eine Verschwörung angelastet. Der Name „Wangeroch" findet sich auch in einem Schriftstück von 1398: Ein Vertrag, den Widzel tom Brok, seinerzeit Häuptling im Brookmerland, schlankerhand unterzeichnete und damit das Lehen über

Der Westturm von Wangerooge – das Wahrzeichen der Insel. Das Bauwerk findet sich deshalb auch im Wappen des Eilandes wieder.

„Kehre wieder" lädt die Inschrift am Inselbahnhof ein.

„alsulcken Eilanden wie Borkyn, Just, Buise, Osterende, Balteringe, Langoch, Spiekeroch ende Wangeroch" an Herzog Albrecht von Bayern übertrug, der gleichermaßen Graf von Holland und Herr von Friesland war. Die tom Broks bekamen ihren Besitz auf dem Festland und die Inseln als Erblehen von ihm zurück und überdies die Schützenhilfe des gefürchteten Herzogs, was den anderen Häuptlingsfamilien den Wind aus den Segeln nahm. Doch das war auch jene Zeit, als Störtebeker und seine Liekedeeler von der Ostsee in die Nordsee wechselten. Sie paktierten mit Häuptling Edo Wiemken von Rüstringen und gingen gemeinsam auf Raubfang, was den Wangeroogern zwei Überfälle der Holländer bescherte, die Störtebeker dort vermuteten. Die Nachfolger Edo Wiemkens vereinigten die Gaue Rüstringen, Östringen und Wangerland (mit Wangerooge) mit dem Jeverland. Deshalb hatte eines Tages das Fräulein Maria von Jever dort das Sagen und nach ihr Graf Johann von Oldenburg, was der

Insel bis heute die Zuordnung „oldenburgisch" einbrachte.
Die Herrschaft ging dann von Graf Anton Günther von Oldenburg auf den Fürsten von Anhalt-Zerbst über, der 1793
alles seiner Schwester, der russischen Zarin Katharina II.,
vermachte. Die Zarin setzte ihre Schwägerin Friederike Au-
guste Sophie von Anhalt-Zerbst als Statthalterin ein – sie
stiftete dem neu gegründeten Seebad Wangerooge 1804 als
symbolischen Auftakt einen Badekarren. Doch kaum war
das Geschäft im Gange, da kamen mit den napoleonischen
Wirren die Franzosen auf die Insel. Als der Kaiser stürzte,
fiel Wangerooge erneut an Russland. Indessen war Alexan-
der I., der Enkel Katharinas der Großen, an der Macht, der
das Jeverland mitsamt Wangerooge an das inzwischen zum
Großherzogtum erhobene Oldenburg zurückgab.

Eine trutzige Rolle spielte während all dieser Auseinan-
dersetzungen der Westturm, seit 1602 für Jahrhunderte als
Landmarke und Ansteuerungspunkt auf Seekarten zu finden. Sein Vorgänger, der Nikolaiturm, war 1595 eingestürzt.
24 000 Taler kostete der Neubau, der auch eine Kirche und
ein Gefängnis beherbergte. Doch das Dorf, in dessen Mitte
der 56 Meter hohe Turm stand, wurde 1854/55 bei einer
Sturmflut fortgespült. Das Bauwerk war sogar dem berühmten Geodäten Carl Friedrich Gauß dienlich gewesen,
der sich 1825 zur Vermessung des Königreichs Hannover
auf Wangerooge aufgehalten hatte. Der Vermessungspunkt
„Wangeroog" ist auf dem früheren Zehn-Mark-Schein ein-
gezeichnet – aber nur mit Lupe erkennbar. Die Wanger-
ooger zog es nach Osten. Ihr von den Wellen zermürbtes
Wahrzeichen, das allein im Westen aufragte, wurde 1914
gesprengt. 1933 entstand weiter östlich ein neuer Turm, seit-
her als Jugendherberge eingerichtet. Wie sehr der Turm die
Geschicke der Eilandes prägte, wird auch auf den Fahnen
sichtbar, die seine Silhouette tragen und überall im Insel-
wind wehen.

Wangerooge hat eine ausgeprägte Dünenlandschaft.

Wangerooges geographische Lage, die militärisch-strategische Nähe zu Wilhelmshaven wurde dem Eiland am 25. April 1945 zum Verhängnis, als ein Geschwader der Briten, Kanadier und Franzosen die Insel überflog und 6000 Bomben in nur 15 Minuten abwarf. Mehr als 300 Menschen starben. An die Opfer erinnern der Ehrenfriedhof und das Holzkreuz auf dem Dünenbunker am Hartmannstand.

Wer sich heute von Harlesiel nach Wangerooge aufmacht, ist nicht selten von besonders glücklichen Leuten umgeben: Der Alte Leuchtturm von 1856 ist ein begehrtes Ziel für Verliebte; ihnen erscheinen die 150 Stufen bis zum runden Trauungszimmer als vielversprechende Herausforderung. Den Blick von oben wissen auch jene Leute zu schätzen, die das schwarz-rot-weiße Bauwerk und sein kleines Heimatmuseum allein der Freizeit wegen besuchen.

Die Autoren

Silke Arends ist Journalistin (seit vielen Jahren für das Ostfriesland Magazin) und Autorin. Neben „Ostfrisica" (Ostfriesland Verlag – SKN; Koehler, Hamburg) hat Silke Arends auch „Literarisches" und „Kindgerechtes" veröffentlicht – z.B. das Kinderbuch für alle Lebensalter „Klabautermann und die verschwundenen Kapitänslöffel"; ebenso finden sich ihre Geschichten in der von der Stiftung Lesung ausgezeichneten Kinderzeitschrift „Gecko" – und werden indessen auch in China gelesen. Dass sie sich dem Genre „Kriminalistisches" widmet, hat mit der Faszination Mensch zu tun. Und dann sind da noch ihre Publikationen, die Meer und Mensch im Fokus haben: „Das Seenotretterkochbuch" (Koehler, Hamburg), „Das Nordseefischerkochbuch" (Koehler, Hamburg) und „Das Ostseefischerkochbuch" (Koehler, Hamburg). Silke Arends ist in Emden und Hamburg zu Hause.

Ocke Auckes lebt seit ihrer Kindheit auf der Insel Borkum. Sie ist in der Touristikbranche selbstständig tätig, schreibt daneben aber leidenschaftlich gerne Geschichten in Hoch- und Plattdeutsch. Mehrere Borkum-Krimis stammen aus ihrer Feder, zuletzt erschien der Inselkrimi „Sommer, Sonne, Sonnenstich" im Emons-Verlag. Im Mai 2015 folgt „Auf Ameroog ist alles anders", ebenfalls bei Emons. Ocke Auckes ist Mitglied des Zusammenschlusses deutscher Krimiautoren, „Syndikat".

Bernd Flessner, geboren 1957 in Göttingen, studierte Germanistik, Theaterwissenschaft und Geschichte in Erlangen. Der Schriftsteller, Publizist und Zukunftsforscher unterrichtet am Zentralinstitut für Angewandte Ethik und Wissenschaftskommunikation der Universität Erlangen-Nürnberg. Er schreibt u. a. für die Neue Zürcher Zeitung, mare – Die Zeitschrift der Meere und das Ostfriesland Magazin. Letzte Veröffentlichungen: „Tod auf dem Siel", Krimi, Leer 2014; „25 Jahre Kunsthalle Emden", Chronik, Emden/Norden 2011; „Raritäten im Wind", Norden 2012; „Expeditionen zum Planeten Franconia - Neue Science Fiction aus Franken", Anthologie, Neustadt an der Aisch, 2012; außerdem seit 1977 fünf Kinderbücher mit „Lükko Leuchtturm". Flessner erhielt 2007 den Utopia-Literaturpreis der „Gesellschafter" (Aktion Mensch). Mehr unter: www.bernd-flessner.de.

Lübbert R. Haneborger, geboren 1970 in Aurich, studierte Germanistik, Kunst und Soziologie in Oldenburg. Ende 2004 promovierte er mit einer kulturwissenschaftlichen Forschungsarbeit zur Entstehung und Entwicklung der Bildform des Berner Hyperrealisten Franz Gertsch. Neben seiner Tätigkeit als freier Journalist für das Ostfriesland Magazin ist er als Sachbuch- und Krimiautor für Erwachsene und Kinder aktiv. Zuletzt erschienen: „Das Schlosspark-Geheimnis" (Deutscher Gartenbuchpreis 2014; für Kinder) und „Echte Oldersumer. Die diebischen Werftarbeiter Joke & Harm ermitteln" (6 Kriminalgrotesken aus Ostfriesland, 2015; für Erwachsene). Mehr unter: www.leocardiounddomec.de und www.facebook.com/pages/Echte-Oldersumer

Kai Kurgan alias Kai-Uwe Hanken, geboren 1971 im Rheiderland, erkundet gerne die Schattenseiten des Landes zwischen Ems und Dollart. Er schreibt bevorzugt schwarze Geschichten, die an der Friesenküste angesiedelt sind. Die Erlebnis-Lesungen des stimmgewaltigen Autors erfreuen sich wachsender Beliebtheit. In alten Gemäuern wie Kirchen, Gulfhöfen und Steinhäusern entfalten die düsteren Geschichten eine besondere Wirkung. Kurgan liest, spricht und spielt seine Erzählungen, zum Teil unterlegt von dramatischen Ton- und Lichteffekten. Stimm- und sturmgewaltig geht es auch in Kurgans Hörbuch „Lamberts Traum" zu, das 2011 veröffentlicht wurde. Außerdem ist er in diversen Anthologien vertreten und hat die Bücher „Dollartgold" und „Das verlorene Land" verfasst. Mehr unter: www.kaikurgan.de oder www.facebook.com/KaiKurgan

Usch Luhn wurde in einem Dorf in Österreich geboren. Später zog sie nach Berlin und studierte an der Freien Universität Berlin Kommunikationswissenschaften. Danach arbeitete sie einige Jahre beim Radio und beim Kinderfernsehen. Schließlich fing sie an, längere Geschichten zu schreiben und machte eine weitere Ausbildung zur Drehbuchautorin. Seitdem arbeitet sie auch für den Film und unterrichtet an einer Filmschule. Wenn sie nicht durch die Weltgeschichte reist und aus ihren Büchern vorliest, wohnt sie abwechselnd in Berlin und Ostfriesland. Viele ihrer mittlerweile 80 Bücher wurden in andere Sprachen übersetzt. Im April 2012 erschien mit „Herzgespinst" ihr erster Thriller.

Jutta Oltmanns wurde 1964 geboren und wuchs in Ostfriesland auf. Aus der Leidenschaft für das Lesen und der Faszination für die ostfriesische Geschichte entstand der Wunsch, selbst schriftstellerisch tätig zu werden. Sechs historische Romane hat die Autorin in den letzten 15 Jahren veröffentlicht, dazu eine Vielzahl von Kurzgeschichten, Lyrik und Liedertexten. Ihr neuestes Buch „Windstochter" erschien im Frühjahr 2014 im Heyne Verlag. Für ihre niederdeutsche Erzählung „Swartbunt hett dusend Klören" erhielt die Autorin im Februar 2015 den Johann-Friedrich-Dirks Preis. Jutta Oltmanns lebt in der Nähe eines idyllischen Kanals in Warsingsfehn. Sie hat zwei Söhne und arbeitet hauptberuflich bei der Bundesanstalt für Verwaltungsdienstleistungen in Aurich. Mehr unter: www.jutta-oltmanns.de

Hans-Erich Viet, 1953 am Dollart geboren, lebt dort und in Berlin und anderswo. Er ist Regisseur, Autor und Produzent. Er begann als Chemielaborant in Leer, arbeitete dann im sozialen Bereich in England und Irland. Nach Zwischenstopps als Waldarbeiter, LKW-Fahrer und Weihnachtsmann studierte er Politische Wissenschaften, Philosophie und Kunstsoziologie in Berlin und Belfast. Nach seinem Diplom als Politologe mit einer Arbeit über den Bürgerkrieg in Nordirland studierte er an der Deutschen Film- und Fernsehakademie Berlin (dffb). Seit 2006 war er Professor für Spielfilm an der Internationalen Filmschule (ifs) in Köln. Mit „Schnaps im Wasserkessel" und „Karniggels" (als Co-Regie mit Detlev Buck) begann seine filmische Arbeit. Viet dreht Dokumentarfilme und Spielfilme fürs Fernsehen (u.a. „Polizeiruf 110"), einige Filme waren im Kino zu sehen. Der Rheiderländer erhielt diverse Preise, u.a. den Grimme-Preis, eine Grimme-Preis-Nominierung, die Bundesfilmpreis-Nominierung, den Ministerpräsidentenpreis beim Max-Ophüls-Festival und den Filmpreis des Deutschen Gewerkschaftsbundes. Viet ist Mitglied der Deutschen Filmakademie, spricht lieber Plattdeutsch als Hochdeutsch, kocht gerne und mag Katzen, Motorräder und alte Segelboote.

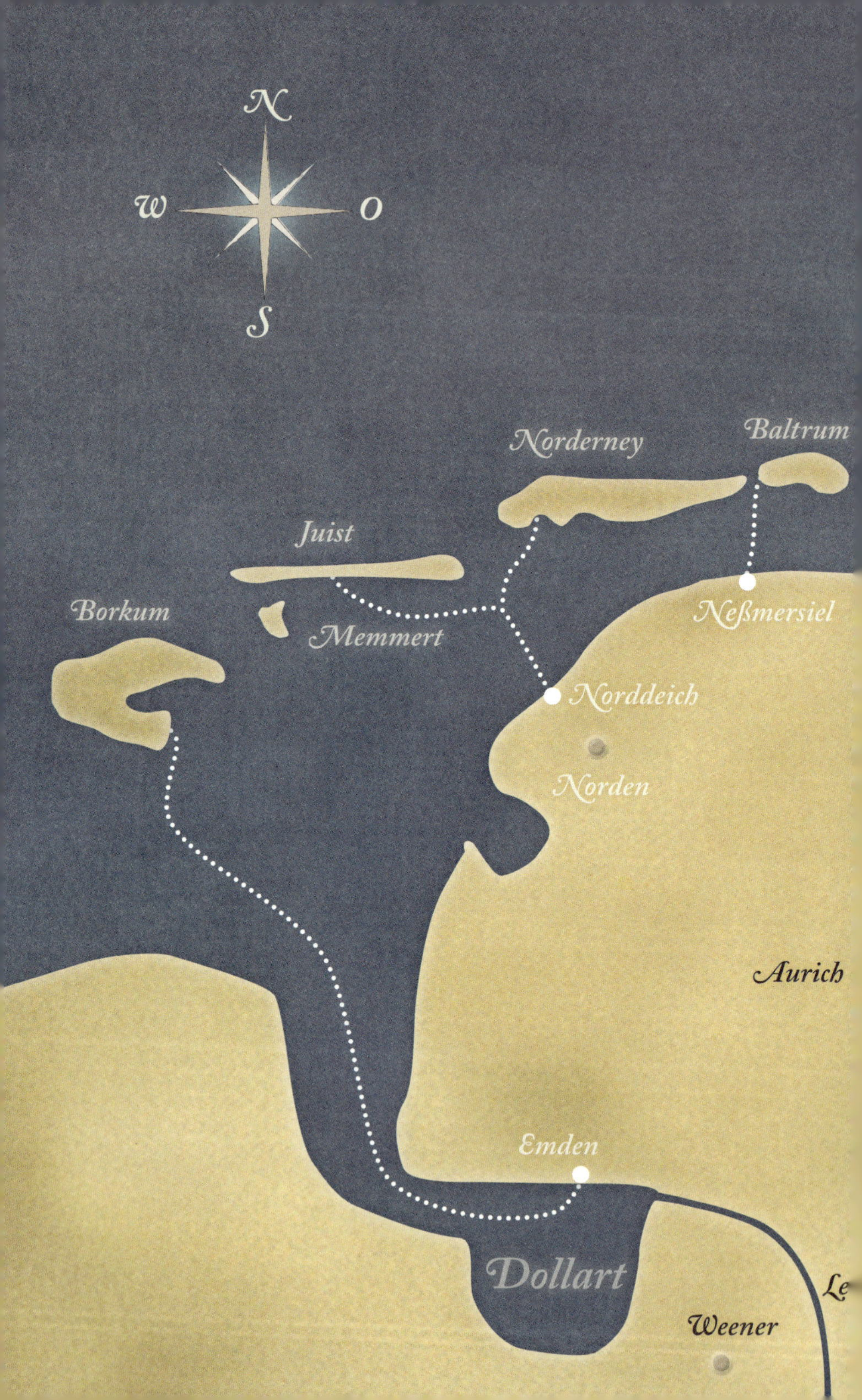

N

W O

S

Norderney

Baltrum

Juist

Borkum

Memmert

Neßmersiel

Norddeich

Norden

Aurich

Emden

Dollart

Le

Weener

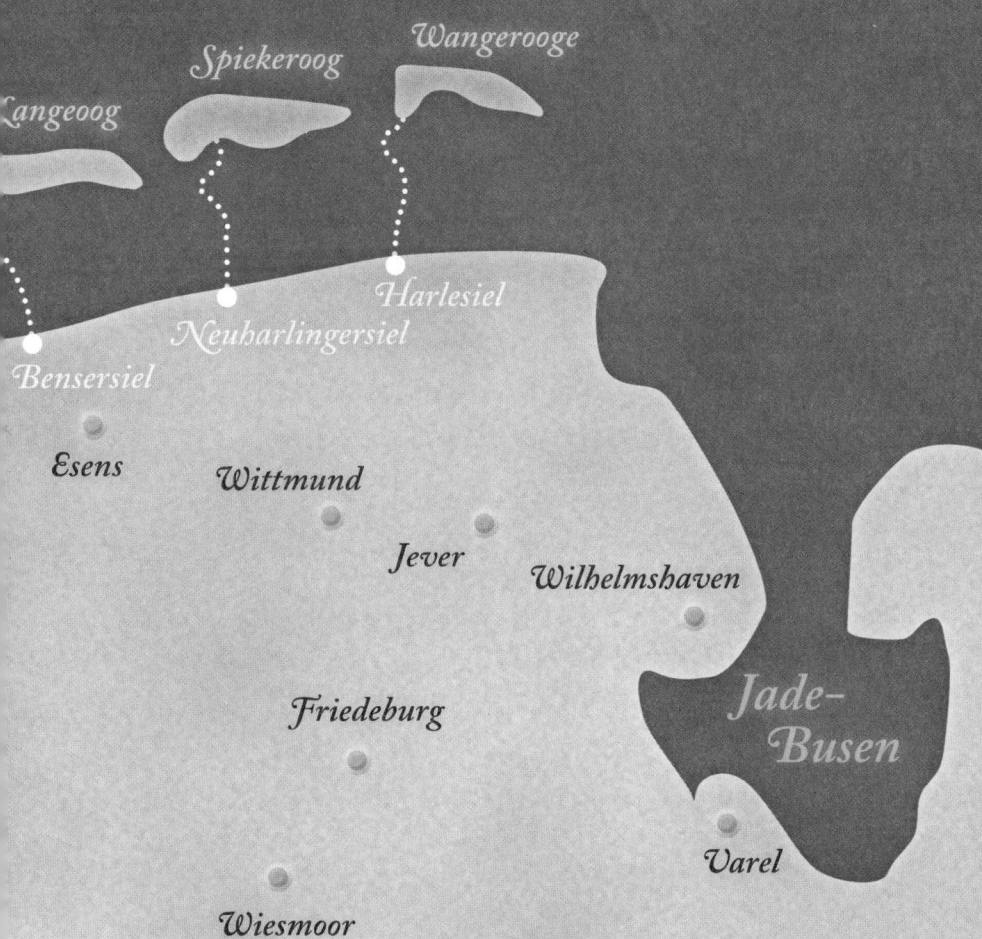

Nordsee

Langeoog

Spiekeroog

Wangerooge

Neuharlingersiel

Harlesiel

Bensersiel

Esens

Wittmund

Jever

Wilhelmshaven

Friedeburg

Jade-Busen

Varel

Wiesmoor

Westerstede

KRIMINELL GUTE GESCHICHTEN VON DER KÜSTE

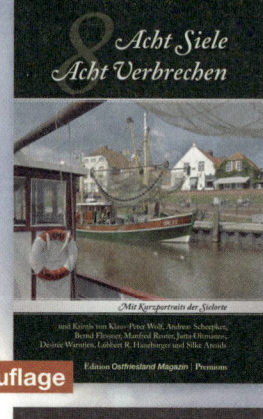

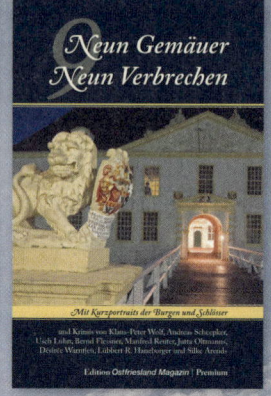

3. Auflage

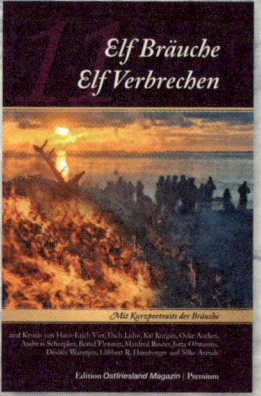

**Acht Siele –
Acht Verbrechen**
ISBN 978-3-939870-99-9

**Neun Gemäuer –
Neun Verbrechen**
ISBN 978-3-939870-30-2

**Zehn Türme –
Zehn Verbrechen**
ISBN 978-3-939870-78-4

**Elf Bräuche –
Elf Verbrechen**
ISBN 978-3-939870-19-7

mit Krimis von Klaus-Peter Wolf, Hans-Erich Viet, Usch Luhn, Kai Kurgan, Ocke Auckes, Andreas Scheepker, Bernd Flessner, Manfred Reuter, Jutta Oltmanns, Désirée Warntjen, Lübbert R. Haneborger und Silke Arends

je 192 Seiten | Premium-Taschenbücher | Format 13,8 x 21,5 cm

JE 14,80 €

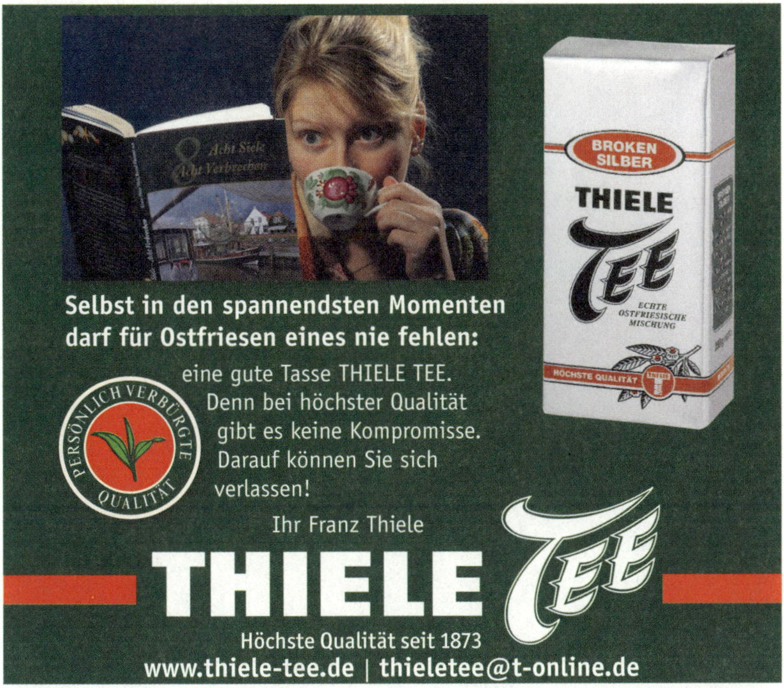

Selbst in den spannendsten Momenten darf für Ostfriesen eines nie fehlen:
eine gute Tasse THIELE TEE.
Denn bei höchster Qualität gibt es keine Kompromisse.
Darauf können Sie sich verlassen!
Ihr Franz Thiele
PERSÖNLICH VERBÜRGTE QUALITÄT
BROKEN SILBER
THIELE TEE
ECHTE OSTFRIESISCHE MISCHUNG
HÖCHSTE QUALITÄT
THIELE TEE
Höchste Qualität seit 1873
www.thiele-tee.de | thieletee@t-online.de

Kinderinsel
Baltrum
MEIN DORNRÖSCHEN DER NORDSEE
autofrei!
Kurze Wege für kleine Füße
Kinderspielhaus mit viel Programm
Weiter Strand, feinster Sand
Alles geht auf Baltrum!
Jetzt den neuen Katalog anfordern!
www.baltrum.de

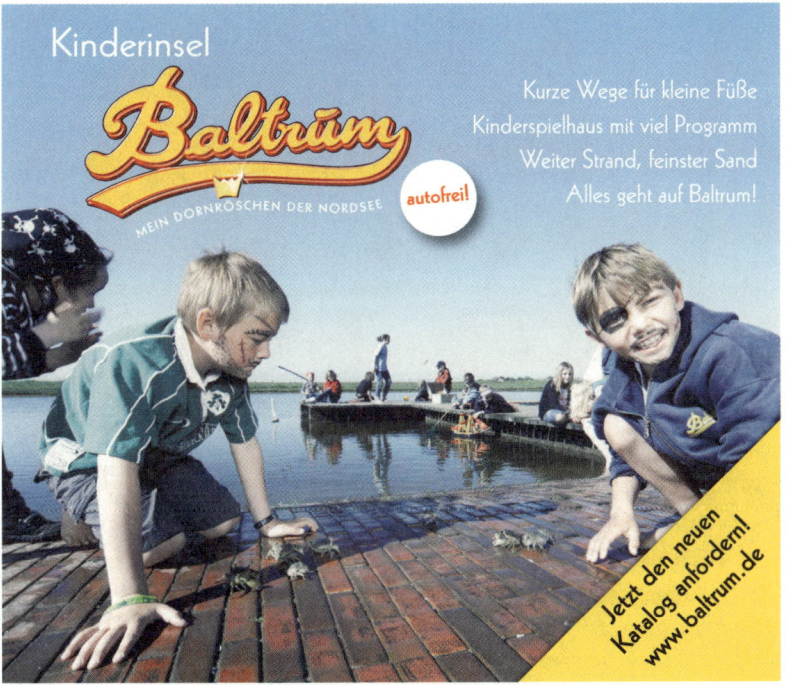